THE WHYTE CLIFFS
a tragi-comedy

ELAINE KENNEDY-DUBOURDIEU

While books are designed for general use, please consider the following safety precautions: Ensure that the content of this book is appropriate for the intended age group. Keep this product out of reach of young children unless specifically designed for their age group. Supervision is recommended for children under 3 years of age due to potential risks such as small detachable elements, sharp corners, or the possibility of paper cuts. Avoid exposure to fire, heat sources, or water to maintain product integrity and prevent hazards.

EU Conformity Declaration
This product complies with the following safety regulations and standards to ensure consumer safety and product quality: Regulation (EU) 2023/988 of the European Parliament and of the Council on General Product Safety (GPSR): The Consumer Product Safety Improvement Act (CPSIA), Section 101. The Californian Safe drinking water and toxic enforcement act. (Proposition 65) EN71-Part 1: Mechanical and Physical Properties EN71-Part 2: Flammability EN71-Part 3 Migration of certain elements.

Published and Manufactured by Softwood Books
EU Responsible person: Maddy Glenn
Office 2, Wharfside House, Prentice Road, Stowmarket, Suffolk, IP14 1RD
www.softwoodbooks.com
hello@softwoodbooks.com

EU Rep:
Authorised Rep Compliance Ltd., Ground Floor, 71 Lower Baggot Street, Dublin, D02 P593, Ireland
www.arccompliance.com
info@arccompliance.com

Paperback ISBN: 978-1-0681509-0-6

CONTENTS

CHARACTERS

Mrs Clarissa (Clary) Whyte = Mrs W
Owner of 'The Whyte Cliffs Guest House'.
early fifties.

Siobhàn
Twenty-four-year-old Irish activist,
busking for a living on her way to the
Sorbonne in Paris, where she will study for
a PhD in Post-Colonial Studies. Siobhan is
present on stage at all times,
complementing the action, but not upstaging
it.

Joan
Mrs Whyte's friend and neighbour, late
forties. Proprietor of a beauty salon which
she runs from her garden shed. Heavily
made-up, she wears a short skirt and
stiletto heels.

Fred Tennant
Mrs W's partner.Late fifties. Part-time
motor mechanic and singing chef at the
'Whyte Cliffs Guest House'. One time member
of the National Front.

The Mayor
Silver fox. Early fifties.

Joan also plays the following parts:

Cleo (Cleopatra)
Young cleaner at the 'Whyte Cliffs'. Home
sick for Romania.

The Doctor

The Midwife

The Policeman

The Chorus

SETTING

The play is set in and around the 'Whyte
Cliffs Guest House', a once elegant villa,
perched on the magnificent white cliffs,
looking out over the 'English' Channel
towards Calais.

TIME

The action takes place during the long hot
month of August,2022.

ACT I
SCENE I: CLOUDS

The stage is in darkness, except for a spotlight on Siobhàn, down front left. She is wearing a short tartan skirt and heavy black boots. At her feet, a cap containing a few coins. She sings 'Both Sides Now' (Joni Mitchell)

SIOBHÀN: *Singing, the sky gradually lightening behind her.*
Rows and flows of angel hair
And ice cream castles in the air
And feather canyons everywhere
I've looked at clouds that way

A plane passes through the clouds, trailing a banner: 'NO BLACKS, NO DOGS, NO IRISH, NO CHILDREN.

But now they only block the sun
They rain and snow on everyone
So many things I would have done
But clouds got in my way.
I've looked at clouds from both sides now
From up and down, and still somehow
It's clouds illusions I recall
I really don't know clouds, at all.

9

Lights up to reveal a brown lawn and a flash of white cliffs. It is a hot summer's afternoon. On a pole hangs a limp flag of St George. A white van is parked on the sloping drive at the side of a once elegant villa, now 'The Whyte Cliffs Guest House'.

Siobhàn steps into the shadows.

'Rule Britannia' begins to play. Siobhàn blocks her ears. Enter Mrs Whyte who walks over to a large old-fashioned telescope on the lawn, that she strokes appreciatively. She has heavily dyed black eyebrows and a half faded black eye. She is wearing a smart suit with a kitten-bow blouse, à la Margaret Thatcher. She sways in time to the music which is gradually supplanted by the cries of herring gulls. Siobhàn unblocks her ears.

MRS W: We're an island people. When all said and done. *She walks over to the edge of the cliff*
Eh Cliff?
My old friend: Cliff.
Dazzling white, chalk white, Cliff.
Keeps us safe. Protects us.

You know we're an island people. Eh Cliff?

Fred says we used to be joined to the continent. Like Siamese twins.
Then they got cut off. Never got over it.
Bloody continentals.

Whyte by name. White by nature.
Best place in the world. Looking out over
the ENGLISH Channel.

SIOBHÀN: *Pulls a face and mouths* Bloody
English

*Enter Joan who walks over to the
telescope, and pats it*

JOAN: The Colonel brought this back from
India. 'Keep an eye on the French', he
said. 'All them Napoleons. Waiting to come
over and conquer us'.
Peers through telescope.

They say there's a sign over there:
"Welcome to Calais: twinned with the
United Kingdom's Benefits Office."

Siobhàn sticks up two fingers

Never been myself. Calais.

Turns the telescope on Mrs W

Told her she should be more assertive.
Stand up for herself.
Eyebrows fade into her face. Send out the
wrong signal.
You need something stronger. I said. I'll
do them for you.
Beat
And while you're at it, you should tell
Fred what you like. What you want.

MRS W: Well, I says. Perhaps I'll just
start with me eyebrows.
And look at me now.
She points at her heavy black eyebrows and
half-faded black eye.

Cross between a drag queen and the wicked
witch.
I look.
Well ...
Surprised
All the time.
I don't like to say.
Don't want to go upsetting Joan.
Telling her she got it wrong.
Got her beauty saloon in her shed.
Joan knows how to fix things. Usually.
And if she can't do it, she tells me where
to go. I've had the lot. Botox and all.

FRED: What you done this time woman?

Startled at the sound of Fred's voice,
Siobhàn steps out of the shadows

MRS W: Ooh. That's my Fred.

Siobhàn steps back into the shadows

FRED: Can't leave well alone, can you?
You done something.
Can't put me finger on it...

MRS W: Give us your finger and I'll show
you where to put it, I says, but he don't

listen.
A moment.

Hard work. Running a guest house.
Fred used to chip in with the cleaning.
Shopping.
Now he's down the garage most days. His
little scams.
His "enterprises"

When he feels like it, he does the
breakfasts. Full English.
And now he's got hiself Alexa.

FRED: Alexa! Play *Jail House Rock*.

MRS W: And she does. All obedient. He
sings along. Loud as he likes, while he
fries the sausages.
You can hear him out here, can't you Cliff?

You should turn the volume down, Fred.

FRED: Punters love it.

MRS W: Don't call 'em punters. They're
guests.

FRED: Don't tell me what to say woman!
NEVER!
Siobhàn flinches

MRS W: Sometimes I wish I'd bitten me
tongue out.

13

On local radio, they call him the 'singing chef'
We need the business now. No more booze-cruises to Calais. What with Brexit.

The guests used to fill up with mer-low and savvi-yon blank.
Stay the night.
Then they'd be off, back home.

A moment.

Used to be nice. Proper resort.
Don't get a nice class, now.
No respect.

Siobhàn throws up her hands

So I put up signs:
'No Dogs'
'No Boots Beyond This Point.'
'No Undigested Food Down This Toilet'.
That's clear enough for anyone with half a brain isn't it?
You get it? Don't you Cliff?.

Always trying to sneak in their fish 'n chips.
Have to bang on the door.
Think I'm stupid.
Think I can't smell fish 'n chips ... and malt vinegar, in me own house..
Beat

Got a cleaner of course. Cleo.
Clee-oh-pah-trah.
Looks like her an all.
Long black hair and that fringe. Can't
hardly see her eyes.
She's Rohmanian.
From Rohmania.

Siobhàn thumps her forehead

Can't get British workers now. The last
one left. Said it was too hot up the
attic.

This Clee-oh-pah-trah says she's from
Trans-Syl-vania.

JOAN: You want to lock your bedroom door
at night

MRS W: Why? Always the innocent, me.

JOAN: To keep safe. That's where Dracula
come from. Transylvania.

MRS W: I can't do that, ye see. Fred goes
out for his jog every night, when I'm in
bed.
Well that's what he says he's doing.
Now he's into all this ... fitness.
And singing.

And she's complaining, an all. Clee-oh-
Paah-trah.

Temperatures up in the 30s. "Eez tooo hoot missus" she says.
No command of the English language.

Buxom girl.
Everything hanging out her T shirt

JOAN: You should get yours done. Enhanced

Cups her hands under her breasts.

MRS W: When will I get the time? The money?

JOAN: Should show him that Victoria Woods.
At the piano.
All bright eyed and bushy eyebrows.
Sings:

"Let's do it! Come on! Let's do it tooo-niiiiiiiiiiiiiight."

And she's all bouncing up and down on her piano stool.

I'll show you where to find it on that 'Vintage Channel'.

MRS W: I'd like a bit more, you know Fred.
Attention.
That's what I'd like.
A good seeing to.

FRED: Outdated. All that. Vintage.

MRS W: When did sex get outdated?

JOAN: Must be the male menopause.
All that running. Shrinks his, yer know.
Testosterone.
Could get you some of that Viagra.
Off the internet. If you want.
Slip it in his beer.
That'd do the trick.

MRS W: *Spits on her finger, smooths down
her black eyebrows.*

'Sit down, duck,' says I, Saturday night,
in front of the telly
Cold beer.

*She drops a little blue pill into the
beer.*

There's a match.
Liverpool... Vee Madrid.
In gay Paree.
Capital of love.

Never can resist a match, can Fred.
Sits down with his beer.
But things start to go pear-shape in Gay
Paree. French say it's the Liverpool
"hooligans". Fake tickets and there's a
right argy-bargy.

FRED: Bleedin' French.

MRS W: Bangs down his beer. Slops it all over the Axminster. It don't show the dirt. It's the smell you can't get rid of. And he's out the door. Fred
Such a waste.
Still. There's three more left, in the box.

JOAN: Well if he won't play ball, perhaps you can try a massage.
Tide you over.
Make you feel better.

MRS W: When have I got time to go for a massage?

JOAN: Your own personal massager
I'll show you mine.
You don't need to start with the pile driver straight away.
You can start with the free-son.'

MRS W: What's that?

JOAN: Like a tickle.

MRS W: Never like being tickled.

JOAN: Just press the button and move ...
Like a little wave.
Chivying.
Have a go in bed ... while Fred's out "running".
I'd lend you mine only it's not hygienic.

MRS W: Real modern is Joan.
Couldn't do without her.
So I take myself off to Anne Summers, in
town.
Just as I'm about to go in, who comes
round the corner but that Mrs Walters from
the WI. So I give her a cheery wave and I
keep on walking.

JOAN: Get if off Amazon.
I'll show you.
Come straight to your door.

MRS W: What'll the postman think?

Siobhàn mimes shock-horror

JOAN: Who cares?

MRS W: What about Fred?
What if he takes it in?
Has a look?'
A moment.

So I'm in the garden. All day, waiting.
Got the most manicured hydrangeas on the
cliffs.
You noticed, didn't you Cliff?
When this delivery van pulls up.
And there's Fred, coming up the drive.
That'll be for me, says I

FRED: What the... fuck?

MRS W: He's got a temper on him, has Fred.
Pushes me in the hydrangeas
Got to be careful with Fred.
'New cleaner for lime scale,' I says.

Thank God it's in a plain brown box.

FRED: Always comes in handy
Does bleach.

Appalled, Siobhàn waves her fist at Fred

*Rhythmical sound of waves on the pebble
beach below.*

MRS W: So I give it a go.

Shouldn't be telling you this Cliff.
But it's a bit,

Screech of gulls

Noisy.
I'm lying there, sweat dripping off me,
listening for Fred on the stairs
Must've made me a bit, you know.
Tense.
It's not had much use, down there,
these last years.
I'd much prefer Fred.

So I get another one.
Vee - agraah
Out the box.

Crush it up.
Tip it in his beer.
It's that hot outside.
Fred drinks it all this time.
Then he goes out.
Running.
In this heat.

Few minutes later, he sort of.
Comes back
Lurching.
Doesn't run.
Doesn't walk.
Sort of. Waddles
Like a duck. You saw him Cliff...
Feet out. Like a duck.

Falls onto the sofa.

*She walks to the telescope. Measures it,
then turns, hands held out indicating the
size.
Siobhan copies. Mimes amazement*

To look at him, you'd think he'd stuffed
The Daily Mail down his Y fronts.
All swelled up.
His well
His willy.
All swelled up.

OOOH? Fred? What?

FRED: Stupid woman. Call the bloody

ambulance.
Bloody hurts.
Siobhan applauds

MRS W: And he lays there, on the sofa and
he howls. Like the wind over the cliffs. He
howls.

Drops her hands, by her side

Well the ambulance men.
They turn up.
In the end.

And they aren't very ...
sympathetic.

Siobhàn mimes a belly laugh

'You been rubbing that?' This young lad
says.

FRED: *Through his teeth*
I been ... running

MRS W: 'You been taking substances?' says
the other. 'Looks like you been taking
substances.'

He sort of rubs his hands together.
The ambulance man.
And I swear to God he smiles.
'They'll probably have to make an incision
to let all that fluid out.'

22

Siobhàn mimes stabbing with a scalpel

So they take him out on a stretcher, lights
flashing. Lads from Wigan out in the road.
Whistling and whooping. An that Cleopatra

(JOAN)CLEO: Oh Fred! What is happen?

MRS W: I tell them ambulance men to put a
cover over him
But you can still see ...
The tilt

Fans herself with the palms of both hands.

Know what I mean?
Under the blanket?
You can still see
The pile driver
Under the blanket.

ACT I
SCENE II: LOVE OF MY LIFE

*The next afternoon in the lounge at 'The
Whyte Cliffs'. Hot. French windows open onto
the garden. Mrs Whyte is sitting on the
sofa, a cup in her lap. A framed photo of
Prince Philip and Princess Elizabeth is
hanging behind her. Siobhàn observes from
the shadows.*

MRS W: Like the queen.
Love of my life is Fred.

Me in me gym slip. Him a bit older.
Long legs. Jeans.
Bulges in all the right places.
Strutting his stuff. Like Mick Jagger.

Couldn't believe he'd be interested in me.

Funny is Fred.
Can make anybody laugh, can Fred.

Well. Not me Mother.

Stretches her arms above her head.

Saturday nights behind the bus shelter.
Best thing.
Ever.

Got to feel sorry for folks who've never
felt that.
Real love. Real sex.
I was sixteen

He didn't run away.
When he put me in
the family way.
Most lads would've.
Said he'd look after me. Keep me safe

Mother said it'd ruin me life.
Found this woman, down the back street.

To fix "it".

Then she sent me to college.
Instead of the baby.

But I wanted the baby. Fred's baby.

Mother said he was scum. Not our sort.
So I got book-keeping.
Instead. Instead of the baby.
But Fred was still there. Working round
the corner. At the garage.

Beat

Then mother had that crash.

Turned into the drive. Here, just here.
Sailed right over the cliffs.
Brakes failed.

Shouts Eh Cliff?
You saw me mother fly right over your head,
didn't you?

*Siobhàn steps out of the shadows in alarm
as herring gulls scream overhead*

Smashed onto the pebbles below.
Car was a write-off.
So was mother.

And that car. Just passed its M.O.T.

Shouting: You always said it was Fred.
Whodunnit. Eh Cliff?

Siobhàn nods

Good way to go, really, when you think
about it. Didn't have time to grow old.
Looking around the sitting room
appreciatively

She left this place to me.

FRED: Make a nice guest house this.

MRS W: He moves in. Does all the
alterations.
Me, it's the house-keeping, the book-
keeping...

Stands up, runs her hands down her skirt
and shivers

But the nights,
Ooh the nights,
In mother's bedroom.

Fred used to love me
with just me pinny on.
Chase me round the bedroom
Pick me up as if I was light...
Light as a seagull's feather.
Toss me. Up in the air.
Throw me onto the bed.
Mother's bed.

Then he'd fall on top.

All man is Fred.
I do love him. Need him.
Stains on mother's pretty pink sheets.

But there was no more babies.
Mother'd made sure of that.

Takes a sip of tea. Grimaces
Gone cold.

It's the routine what kills you.

Fred. He likes to party.
Likes his mates.
He got bored
With me.

And me? Seem to spend most of my time now
writing signs.

'No used condoms under the bed.'

'Dirty undergarments to be kept in a
sealed bag at all times.'

Fred likes to be out with his mates. Used
to go out with the Front, till he got
mixed up with that demonstration where a
young lad lost his eye.

Siobhàn puts her head in her hands

FRED: Silly bugger.
Ant-eye racist.
Demonstrating against the Front and thinks
we won't come after him.

Siobhàn shakes her fist at Fred

Stay out the kitchen mate if you can't
stand the heat.

MRS W: Now it's the meetings with that
Nigel.
Always laughing that Nigel.
Everything's hilarious.
Had me out canvassing. Leaflets.

FRED: Give us back our borders!
Give us back our sovereignty!
GIVE US BACK OUR MONEY!!
Three hundred and fifty million
A WEEK!
Fix our NHS!!

MRS W: Got a temper on him, has Fred.
Most days now, he's down the pub with his
"mates".
But me. I'm his mate.
I'm his soul mate.
Me.

Siobhàn groans

ACT I
SCENE III: SWEET DREAMS

*Lidl carpark. A capella Siobhàn is singing
'Sweet Sixteen' (The Furies), sitting on
the tarmac, a cap beside her. Enter Mrs W,
pulling a wheelie-bag.*

SIOBHÀN: *Singing.* "When first I saw the
love-light in your eye
I thought the world held naught but joy
for me
And even though we drifted far apart

MRS W: *Stops to listen.*
Music from heaven. An angel/

SIOBHÀN: *Singing /* I never dream but what
I dream of thee.

MRS W: Makes a change.

SIOBHÀN: Bless you mother!

MRS W: Makes a change from those Roamers
who beg for money then drive off in their
BMWs.
Opens her purse

SIOBHÀN: Bless you mother.

MRS W: Long time since anyone's blessed
me.

But I'm no one's mother, love

Gives her a tenner

You shouldn't be here like this. Sitting
on the ground.
Didn't your mother tell you?
It'll give you piles.

SIOBHÀN: Stop the oil mother!

MRS W: Oil?

SIOBHÀN: The violence. Stop the violence,
mother. Raping the planet. Violence to
women. Testosterone. It's all driven by
testosterone.

MRS W: Right. Well. Best be getting on. Or
there'll be no Full English tomorrow. Eh?

She goes into the shop

*Siobhan sings 'When You Were Sweet
Sixteen.'*

SIOBHÀN: I loved you as I've never loved
before,
since first I saw you on the village green.
Come to me ere my dream of love is o'er.
I love you as I loved you,
when you were sweet"/

MRS W: *Emerges from Lidl, pulling her*

wheelie-bag.

/Oh love. You can't sit there like that/

SIOBHÀN: *Singing:* /**"When you were sweet
sixteen."**/

MRS W: /In the damp.
Stops

SIOBHÀN: *Continues singing:* /**"I loved you
as I've never loved before
Since first I saw you on the village
green."**

MRS W: *Finds a stack of flattened cardboard
boxes. She wrestles one out.*

/ Here. Duck. Here. Put this under your
bum/

SIOBHÀN: *Singing*
**"Come to me ere my dream of love is
o'er."**/

MRS W: *Trying to wedge the cardboard under
Siobhàn's bottom.*

Grunt/

SIOBHÀN: *Singing:*
/**"I love you as I loved you, when you were
sweet"**/

MRS W: /*Grunt*

SIOBHÀN: /When you were sweet sixteen."

Siobhàn rolls over and gets up. There is
blood all over her skirt, her bottom and
down the back of her legs.

MRS W: Oh love...
Just wait.
She leaves her wheelie-bag and goes back
inside the shop.

Siobhàn gets up, puts the coins in her
pocket, the cap on her head and exits,
trundling Mrs W's wheelie-bag behind her,
humming softly.

Mrs W returns carrying a packet of pads

MRS W: WELL! WELL!

There's gratitude!

Kick in the gut!

Hole in the budget...
Dejected
Best not tell Fred.

Goes back into Lidl

ACT I
SCENE IV: THE CHANGE

Same afternoon. Doctor's waiting room.
Joan, cheerful, sits with Mrs W, tearful.
Siobhàn sits quietly in the wings.

JOAN: I know what's the matter with you-hou.
She sings: **It's the chay-hange**

MRS W: What?

JOAN: The Big M

MRS W: EM?

JOAN: Men ... Oh! ...

MRS W: Don't talk to me about men

JOAN: Men... Oh! ...Pause ...
Get in there gel and tell the quack what
you want.

MRS W: *Mouthing to the male doctor*
MEN-O-PAUSE.
Few pills and I'll be right as rain.

(JOAN)DOCTOR: *Putting on stethoscope*
That's so last century, my dear lady. We
don't do that anymore. I'll give you an
appointment with the midwife.

MRS W: I'm not having a baby!

DOCTOR: Midwife can deal with all of women's little problems. You'll see.

JOAN: *Takes off stethoscope*

It'll be fine.

Roots in her handbag. Pulls out an invitation
Look! We've been invited to a little soir-ée -eh! At the castle, by the Mayor and the Chamber of Commerce.
We can all go to the ball.

Siobhàn perks up, expectant

MRS W: What for?

She takes the invitation from Joan and starts fanning herself with it

JOAN: Local businesses

MRS W: Your beauty parlour?.
Does it count, that? Being as how it's in your back shed?

JOAN: Wants to get to know us better.

MRS W: Hot in here. Or is it just me?

JOAN: Talk to us about "the situation".

Siobhàn looks up sharply

Migrants from Calais. Effect on business.
What he's doing for us.
Before we go and vote for someone else.

MRS W: *Calling. Wheedling.*
Oooh Fre-ed!
Come with me Fre-ed!
It'll be a night out
And you can tell the mayor what you think.

FRED: No way!
Bleedin' migrant centre.
On my manor.

MRS W: Tell him to his face. With bubbly
and can-a-pays!

FRED: Oh he can-a-pays alright, the
wanker. With my money.

MRS W: Real wag my Fred. But he won't be
persuaded. He's off down the pub, to the
karaoke. With Cleo ...
Shaking her maracas.

ACT I
SCENE V: YONI

Midwife's surgery. Two days later. Siobhàn sits on a chair reading a leaflet on endometriosis. Mrs W agitated and hot, fans herself with a noisy Spanish fan

(JOAN)MIDWIFE: 'Atroph-eyed'

MRS W: What?

MIDWIFE: Use it or lose it.

MRS W: What?

MIDWIFE: Your vagina.
Your vulva

MRS W: Fred never would have one. New-fangled electronics/

MIDWIFE: /Shrinking, shrivelling.
Lack of use?

MRS W: Is that a smirk?
Did she smirk?

I keep stum about Joan's little sex toy

but I tell her all about Fred and how he
doesn't fancy me any more. And how mine's
definitely lost its mojo.... And how the
one time I cornered him in the airing
cupboard, it wouldn't go in.
Bloody painful.
Depressing.

MIDWIFE: Perhaps you should try a Yoni

MRS W: A what?

MIDWIFE: A yoni

MRS W: A what?

MIDWIFE: A yoni.
Beat
That is to say
A Yoni egg

MRS W: Right.
Right?
Don't like to ask do you?
Show your ignorance.
Joan'll know what she's on about.
Beat

If she doesn't, she'll know where to look.

*Back at the 'Whyte Cliffs' Siobhàn picks up
her chair and retreats to the wings.*

JOAN: *Consulting her phone*

37

Yoni. Yoni. It says. Yoni is the Indian
term - Blah blah.
Don't know if it's Hindi, or Urdu or
Sanskrit or what

MRS W: *Fanning herself.* And it is?

JOAN: An egg.

MRS W: Haven't got any eggs. And I
wouldn't go through all that again, even
if I did.

JOAN: These Indian girls know a thing or
two. Yoni is ...
Giggles.
'Yoni is a semi precious stone.
Polished into an egg shape.'
And you put it/

MRS W: /On your coffee table. Mother used
to have one of them on the coffee table/

JOAN: /and you/

MRS W: /Sing to it?
Don't tell me. Don't tell me ...
You light a stick of incense to it?

JOAN: No, you bung it

MRS W: Don't tell me. You bung it in your
ear/
JOAN: /No, you bung it up your ...

beat

MRS W: What?

JOAN: You know

MRS W: What?

JOAN: Your nou-nou! You bung it up your.

MRS W: Well! Mother was a dark horse wasn't she!

JOAN: It says here... 'Get a small or medium to start.'
'Take great care in choosing your semi precious stone depending on which chakra you wish to open'

MRS W: Just me nounou.

JOAN: *Reading*
'If you do not know which stone to choose, then you should go for rose quartz - that's a good all rounder.'

MRS W: So I did. Forty five pound.
Don't come cheap.
If Fred asks, I'll say it's to go on the coffee table

Beat

Well I try it this way and I try it that

way and it won't go in.

Joan says try it in the bath.

Bit of a stretch. Bit scratchy. Then it
gets over that first bump, ring-thingie.
Down there.
You know?

Then it's *Folds her fan*. Gone
Up me ...

Nice soak. Nothing like a bubble bath.
Can't remember the last time I went out.
Getting ready for the mayor's little soir-
eee up the castle.

But when I get out the bath there's no
sign of Yoni
Few squats on the bathroom floor.
Nothing doing.
Don't suppose it matters.
Well lodged.
Can stay up there for days.
Loosening up, me ...
shark-rars

I put on me pretty frock.
And one of them thong things what Joan
give me.
Off we go, up the castle.
But them high heels are a mistake.

40

ACT II
SCENE I: UP THE CASTLE

Balmy evening, on the white cliffs, outside the castle.

MRS W: Lovely up here.
Dazzling them cliffs.
Eh Cliff? Dazzling.
And there's a little fringe. On top. Green and yellow. Like icing on a wedding cake.
Beautiful.
England.

Mayor says the castle was built by William. French, he says.
Sniff
Then he takes us on a tour of the corridors, miles and miles cut into the chalk.

Feet're killin me.

There's all them spy holes cut into the chalk, so you can spy on them foreigners.
All the way over to Calais.
Beat

They could stop 'em. If they wanted. The

French
Bloody French
All them lorries and boats.
Could stop 'em if they wanted.
...

Siobhàn throws up her hands in desperation

ACT II
SCENE II: THE MAYOR

*Inside the baronial hall, draped with a
replica of the Bayeux tapestry: King Harold
with an arrow in his eye and William
conquering the English.*

*Against the back wall is a long table,
covered in white napkins. Siobhàn stands to
one side, cap pulled down over her eyes.*

MRS W: Feet're killin' me.

Nowhere to sit and here's the mayor
"Pleased to see us all here today."
Valued members of the community.
Blah blah".

Looks as if he's in for the duration.
Can't see what's under them napkins.
Better be solid.
Not just crinkle-cut crisps.

MAYOR: I do of course understand the stress you are under. The dramatic drop in business

(JOAN)CHORUS: Don't you go blaming it on Brexit

MAYOR: Naturally, Madam. It's not the fault of Brexit

Siobhàn thumps her forehead

CHORUS: We got Brexit done

MAYOR: We have indeed. "Got Brexit done".

CHORUS: Oven ready.

MAYOR: However. There are some, remaining concerns:
Queues on the motorway.
Migrants in the streets ...

CHORUS: Give us back our country

MAYOR: *Shouting.*
I'll just give you the bullet points
My two pronged strategy
One: take these migrants off the streets.
For their security.

CHORUS: What about OUR security?

MAYOR: Our security, of course ...

CHORUS: Bloody invasion/

MAYOR: /Put them in a secure retention centre.

CHORUS: Guards on the doors?

MAYOR: Run by Border Force./

CHORUS: Who's paying? Me? The bleedin' tax-payer?

MAYOR: The tax payer will indeed.
Have to contribute...
For the common good.
Rushing. Secondly, and more importantly,
we have to persuade all those migrants
coming over, that this is not the way. WE
MUST GET THE NARRATIVE RIGHT!

Tell the refugees - Syrians, Afghanis,
Sudanese, fleeing war and famine- tell them
this is not safe.
We have to tell them/

CHORUS: Tell 'em we don't want 'em!.
End of...
Cut to the chase Mayor. Open the bubbly!
Think the streets are paved with gold!
Dog turds more like!

MAYOR: GET THE NARRATIVE RIGHT!

CHORUS: Bleedin' French

Stop 'em if they wanted/

Siobhàn laughs, incredulous

MAYOR: They get attacked. We get the media/

CHORUS: /Send 'em up north/

MAYOR: /Caring capitalism!

SIOBHÀN: My arse!

MAYOR: THANK YOU!

The mayor waves his arms. Sounds of corks popping. A rumble in the hall.

JOAN: *Rushing forward*
Let's get them cana-pays!

Siobhàn examines the Bayeux tapestry. Mrs W takes off her shoes and rubs her feet. The Mayor pops up at her side, carrying two glasses of bubbly.

MAYOR: Mrs Whyte. How are you?
'Whyte Cliffs'. An iconic establishment.
My father knew your mother well.

MRS W: Dark horse, my mother.
There's no good opening a place for them migrants. Folks round here'll never put up with it. Not round here.
We've put up with a lot.

The Mayor offers Mrs W a glass. She leans forward to take it.

MRS W: And that's when I feel it.
Wet.
Slippery.
Between me legs.

There is a crash and a splash on the flagstones as Mrs W's Yoni rolls over to greet the Mayor's well polished brogues.

MAYOR: What?

MRS W: Gawd! Wouldn't have been a problem if I'd had on me Marks and Sparks' full briefs /

/The mayor takes the handkerchief from his breast pocket and bends over to polish his brogues.

MRS W: /with a solid gusset.

The mayor sees the Yoni and picks it up delicately, in his kerchief.

MAYOR: Well! Well?

What have we here?

He holds up the egg, turning it round in the light

Well?

A meteorite?
U.F.O?
Is it a UFO? Mrs Whyte?

Where did this come from?

He weighs it up in the palm of his hand

It's warm and it's wet.

MRS W: *Reaching for the Yoni.*
I'll have that back. Thank you very much!

*The Mayor turns away, holding the Yoni up
to his nose, inhaling the delicate musk*

MAYOR: MMMMMM!!
Alors? Qu'est-ce que c'est?
Looks as if you've just laid an egg Mrs
Whyte.

*He tosses the Yoni into the air. Mrs W
tries to snatch it back but the Mayor
fields it easily, wraps it up in his
handkerchief and puts it into his pocket.*

Looks as if you've just laid an egg Mrs
Whyte. And this one's for me!
He pats his pocket

I'll look after it. Keep it safe for you.

He puts a protective arm round Mrs W's
waist and draws her in. Mortified, Mrs W
stares fixedly at his brogues.

ACT II
SCENE III: BOTH SIDES NOW

The next day. Outside Lidl. Siobhàn is
sitting on an upturned crate. Cap at her
feet. She is singing 'Both Sides Now' (Joni
Mitchell).

SIOBHÀN: "Moons and Junes and ferris wheels
The dizzy dancing way you feel
When every fairy tale comes real
I've looked at love that way

Mrs W stands listening to the music. Back
turned to Siobhàn

SIOBHÀN: Singing "But now it's just
another show
You leave 'em laughing when you go
And if you care don't let them know
Don't give yourself away."

Stops singing
God bless you mother

MRS W: *To audience*
I can hear her accent now. Irish.
She turns

You got a nerve!

SIOBHÀN: Perhaps some people need it more than you?

MRS W: Them Roamers? Was it them Roamers took it?

SIOBHÀN: Property is theft.

MRS W: Stealing my bacon.

SIOBHÀN: Stop the oil Mother. Stop the violence.

MRS W: You Irish?

SIOBHÀN: That I am

MRS W: Why d'you leave home then?

SIOBHÀN: Like the English. We emigrate. We immigrate.

MRS W: Not me. This is my home

SIOBHÀN: "Full English" is it?
Fucking imperialism.

MRS W: No one asked you to come.

SIOBHÀN: Got a score to settle. Then I'm off.
To the continent.

MRS W: Worse than anyone, them continentals

SIOBHÀN: You been then?

MRS W: My husband, well he's not really my husband. He tells me. Fred

SIOBHÀN: National Front? The racist?

MRS W: Who you calling racist, Paddy? Racist yerself.

SIOBHÀN: You can't be Irish and racist. We've emigrated all over the world because of the English.
Fucking imperialists.
Stop the oil, mother!
Stop the violence, mother!

Mrs W exits, kicking over the cap.

ACT II
SCENE IV: SAUSAGES

Next morning, in the kitchen at the 'Whyte Cliffs.' Fred is cooking pork sausages.

Mrs W is standing in the doorway, watching.

Behind her stands Siobhàn.

FRED: Alexa! Play the King.

Play Elvis.
A HUH A HUH!
Pelvic thrusts
'Stuck on you'

Alexa starts to play.

That's what I like. A woman what does what she's told.

Gyrating, waving his grilling fork. Sings:
Gonna run my fingers down your long black hair, Cleo.
Gonna squeeze you tighter than a grizzly bear
Oh yes indeed, ah ha
pelvic thrusts

Hide in the kitchen,
Cleo
Hide in the hall,
Cleo
Aint goin' to do ya
No good at all
Cos once I catchya and the kissin' starts
A team o' wild horses wouldn't tear us apart.

MRS W: *To the audience*
The lads from Wigan say, it's a no-brainer. Get yerself a tattoo Mrs Double Ewe. Get his name tattooed. All over. Men love that. Then they know you belong to them - can't go fucking around with

someone else because you've got FRED
written on yer heart. On yer fanny.
Fred's got plenty of tattoos. Had 'em for
years. Zwastika on his bum. You see it
when he bends over the bonnet. Like them
nazis ...

FRED: *Shouting and poking sausages*
Don't show yer ignorance gel. Sacred
symbol that Zwastika. Indian. Kipling put
it on the front of the 'Jungle Book'.

MRS W: *To the audience.*
Cleo's got them crawling down her back.
All over her boobs. Tattoos. They say it's
as painful as childbirth...

I get enough pain when Fred comes back
from the pub with a mood on him.
Beat
Even that's stopped now.
Doesn't notice me any more.

Calling over to Fred.

Why can't we go back Fred? The way we used
to be?

FRED: Stop snivelling woman.

MRS W: What's she got I haven't?

FRED: There you go. Nag, nag, nag.
Nice bum, that's what she's got. A man can

park his bike in there.

MRS W: See you tonight then Fred?

FRED: Out with the lads tonight.

Alexa! Play Chris Farlowe, 'You're out of time!'

Singing along with Alexa and stabbing his grilling fork in the air

You're obsolete my baby
My poor old fashioned baby
I said baby, baby, baby
You're out of time.

ACT II
SCENE V: UP IN FLAMES

Next morning early, in Mrs W's bedroom. She is asleep. Enter Fred, in a hurry, followed by Siobhàn. Fred leans over Mrs W, tugging at her arm, shaking her awake

MRS W: *Expecting to be hit, she shields her face.*
What? What?

FRED: All night. Right?
Anyone asks.

I was here.
All night. With you.
He slaps her face. Siobhàn moves to intervene. Thinks better of it

Got it?

MRS W: *Looking at the marks on her arm*

FRED: Got it?

MRS W: *Nods*

FRED: You got it?

MRS W: *She nods*

FRED: Right. Well. That's alright then.
You best get up.
The lads'll be wanting their breakfast

Siobhàn watches as Mrs W puts on fluffy pink mules.

MRS W: *Turning to the audience*
Didn't take long for the boys in blue to
come calling. They always do.
Every time, something kicks off ..

FRED: Like that Afghan. "Unaccompanied
minor". "Unaccompanied minor" my arse.
Over eighteen if he was a day.
Staring at the girls. Our girls.
Like that.

Had it coming. Someone had to put him
straight..

Exit Fred. Enter Joan.

JOAN: Heard the bang.
'Bout two. Last night.
Saw the flames. Clouds o' smoke.
People running.

Border force detention centre.
Up in flames.

*Fred returns accompanied by a policeman/
Joan, wearing a policeman's helmet.*

(JOAN)POLICEMAN: So where were you last
night then?
Sir?
Go on.
Surprise me

FRED: *Joan takes off policeman's helmet*

Tucked up nice and warm. In bed.

Bouncing, suggestive
She'll tell ya

POLICEMAN: *With helmet, stares at Mrs W.
who doesn't look up. She nods. Siobhàn
folds her arms, disgusted.*

Convenient. That.

FRED: Water tight. Ask her.

MRS W: *Looks at the floor and nods.*
The policeman exits.

Mrs W sits beside Fred on the bed and puts
her hand on his knee

You coming home tonight then Fred?

FRED: Karaoke down the pub

MRS W: You owe me one. Fred.

FRED: Come down the pub then gel. You
don't get out enough.

ACT II
SCENE VI: THE SINGING LESSON

Later that day. 'Whyte Cliffs' garden. Mrs W
and Joan are sitting outside on the porch.

JOAN: If you can't beat em, you've gotta
join 'em. Eh? Clary?

MRS W: What?
JOAN: Your Mohammed.
If he won't come to your mountain ...

MRS W: Fred?

JOAN: You're never going to get him away from his karaoké. His mates. And there's a scout for *The Voice* hanging round the pub.

MRS W: What voice?

JOAN: And that Cleo. You'll never get him away from her unless you try.

MRS W: Fred says I can't sing.

JOAN: Come to my choir

MRS W: Says I'm out of tune

JOAN: It's all-girl.

MRS W: Says I'm out of time

JOAN: Not a man in sight

MRS W: They'll laugh at me

JOAN: No one'll laugh

MRS W: *Beat*

He's a romantic my Fred. At heart.
Used to be so jealous.
Shows he cares.
Said he'd always take care of me

JOAN: Get some lessons then.

MRS W: We're soul mates.

JOAN: There's lessons for everything nowadays

MRS W: Yeah?

JOAN: You could ask that girl

MRS W: What girl?

JOAN: Irish girl.

MRS W: The one who nicked me bacon?

JOAN: Sweet voice

MRS W: I'd never hear the last of it.
Down at Lidl.

JOAN: Tell her to come up here then.

MRS W: She'll nick the silver

JOAN: You sold it.
Remember?
Brexit?
No money?

One song.
Worth a try.

MRS W: Fred says I can't sing

JOAN: Neither can that Cleo. Only shakes her maracas.

MRS W: And all the rest ...

A moment

Joan moves into the shadows as Siobhàn runs onto the porch, glowers at Mrs W and sticks out her hand:

SIOBHÀN: Show me!

Mrs W hands her a piece of paper Siobhàn looks at it, then hands it back.

Sing!

MRS W: I can't.
Not.
Just
Like that

SIOBHÀN: Everybody can sing

MRS W: You haven't heard me

SIOBHÀN: Talk it then.
Read it.
We can add the music later.

MRS W: *Whispering.*
Don't leave me this way!

SIOBHÀN: Louder!

MRS W: Don't you understand?
I'm at your command.

SIOBHÀN: Stand up straight woman for
mercy's sake.

MRS W: Without your love. I can't survi/

SIOBHÀN: /Oh sweet Mary, Mother of Jesus.
Enough!

She takes the paper and tears it up.
Throws the bits into the air then yanks at
Mrs W's shoulders

Shoulders back.
Boobs up!
Look the bastard in the eye and ... and
shout.
HA!!

MRS W: Ha?

SIOBHÀN: Let it go!
MRS WHYTE!

Hesitates.
Clary?
Your name Clary?

LET HIM GO CLARY!
HA!!

MRS W: HA?

SIOBHÀN: YOU ARE ANGRY CLARY!
ANGRY!
CLARY!
HA!

MRS W: HA!

SIOBHÀN: *Clapping a hand on Mrs W's
stomach*

Breathe in.
Breathe in Clary. Lots of air

Let your stomach flop out.
Big and round.
Like a buddha.

Let the air fill up your spaces.
Breathe.
From your matrix

MRS W: ???

SIOBHÀN: From your belly.

THENNNNNN PUSH!

MRS W: ???

SIOBHÀN: From here
Squeezing Clary's stomach

61

PUSH!
YOU'RE GIVING BIRTH. CLARY.
PUSH! HA!
HA AAAAAAAAAA!
HAAAAAAAAAAAAAA!!

SIOBHÀN: That's more like it.
Let it go Clary! Let it go!

Singing loudly to the tune of 'Frozen'.
LET HIM GO!! LET HIM GO! LET HIM GOOOOO!

Stops

Now.
What we've got to do now,
is to open up your false folds

MRS W: I tried that.

SIOBHÀN: Oh?

MRS W: Me Yoni

SIOBHÀN: I was thinking of your vocal
chords. They're shutting down.
Closing over.

MRS W: Like me nounou

SIOBHÀN: Nounou?

MRS W: Forty five pound it cost me.

SIOBHÀN: *Beat*
Whatever ...
She sings
Just Get UP!. Stand up!/

MRS W: /Yoni's cheaper than botox, mind.

SIOBHÀN: Botox?

MRS W: Or a face lift.
When they pull it too tight it gives you
slitty eyes.
Joan didn't tell me that.

SIOBHÀN: No wonder you can't sing.
Your muscles are frozen.

MRS W: *Sits down*
I don't know what to do.

SIOBHÀN: Well. They say that what you
should really do is ... let your external
muscle memories ... Let them hook on ...
to your internal pitch centre? (*trails off,
unconvinced herself*)

MRS W: *Beat*

Siobhàn sits down beside Mrs W.

The lads from Wigan said...

SIOBHÀN: *Hesitates, then puts her arm
around Mrs W.*

Sod the lads from Wigan. You've got to
open up your third eye

MRS W: Turd eye?

SIOBHÀN: Third eye. Clary.
In the middle of your forehead

MRS W: Only just finished the botox

SIOBHÀN: Right. Well.
Let's just think about it.
We'll have to think about it.
Which is the right song.
There's a right song for everyone.

You'll have to work at it mind.
It'll take a good few lessons.

You'll have to pay me.
Good money.
Regular lessons.
Rome wasn't built in a day.

*She walks over to the telescope and peers
through it*

Grand up here, isn't it?
Real privilege to live up here. On the
cliffs.
That view.
Beat
You must've seen it all.
When the detention centre went up.

64

MRS W: No.

SIOBHÀN: Flames?

MRS W: In bed

SIOBHÀN: The blast?
Put the windows out?

MRS W: Had me plugs in

SIOBHÀN: Smoke.
Flames?
Children trying to get out?
Blood?
Glass?

MRS W: Need me beauty sleep. Hard work
running this place.

SIOBHÀN: *Sarcastic.* "Full English".

MRS W: Can't get the staff now...

SIOBHÀN: That'll be the Brexit.

MRS W: I'm tired

SIOBHÀN: Moved them out. The refugees.
After all they been through.
Moved them out of the centre.
Put them in the old army barracks.
Rats. Sordid.
Typhoid fever.

MRS W: There you are then.

SIOBHÀN: And where would that be?

MRS W: Should've never let them in.
Only encourages them.
Forty five thousand.
Think we're a push-over.

A moment.

SIOBHÀN: Right. Well.
Think about it Clary.

We'll try again tomorrow.
Beat
That'll be thirty pounds for today.
She puts out her hand.

ACT II
SCENE VII: R. E. S. P. E. C. T.

*Four days later, at night, in Cleo's attic
room at the 'Whyte Cliffs'. The hot weather
has finally broken. Sound of heavy rain
beating on the roof.*

MRS W: I go to the pub and I try to sing.
But it's so hot ... Face burning me up.
I try to sing to him. Sing to my Fred.
Siobhàn says. If you can't sing, then
shout.

She knows a thing or two that Siobhàn.

But it won't come.
My false folds close over and my third eye
gets bunged up.
It won't come.

And I see. I see Fred and Cleo laughing.
All them mates of his.
"Over here petal" says one of the lads
from Wigan. "I'll open yer false folds for
yer."
And Fred, he laughs. Just laughs Fred. And
that Cleo.

So I come home, up the attic...

And that's when I hear it
That's when I get it.
Eh Cliff? You get it.

Lightbulb turns on!

Listen.
*Sound of heavy rain beating on the attic
skylight*

*Sings loud and confident: 'Have you ever
seen the rain?'(Credence Clearwater
Revival)*

Someone told me long ago
There's a calm before the storm, I know
It's been coming for some time.

When it's over, so they say,
It'll rain a sunny day, I know
Shining down like water.

I wanna know,
Have you ever seen the rain?
I wanna know,
Have you ever seen the rain?
Coming down on a sunny day?"
YEAH!!!!! YEAH!!!!!

And I open the window. Stick me face in
the rain. Feel it running down my skin.
And I throw all Chloe's things out the
window. In the rain.

It's my house after all.

ACT III
SCENE I: RECCE IN MARGATE

Siobhàn sits despondent on the porch at the Whyte Cliffs. Joan is standing to one side. Mrs W is waiting for another singing lesson.

SIOBHÀN: All over me they were.

MRS W: Who's that then?

SIOBHÀN: Took me bottle of gazpacho.

MRS W: What's that then?

SIOBHÀN: Spanish soup

MRS W: Foreign?

SIOBHÀN: Cold tomato

MRS W: For the voice?

SIOBHÀN: Wouldn't waste good food on your poxy paintings. I told them. When you've known famine, you don't waste food. But they were having none of it

MRS W: Who's that then?

SIOBHÀN: The Turner Gallery. Margate.
Magnificent. New gallery. Brings in all the
toffs from London.
They threw me out.

MRS W: Busking? Was yer?/

SIOBHÀN
/Went through me bag.

MRS W: /Some people don't like it.

SIOBHÀN: Holy mother of Jesus. Looking for
glue.

MRS W: /Think it's begging

SIOBHÀN: Think I'm going to stick myself
to their bloody canvas.

MRS W: Canvas?

Beat.

SIOBHÀN: Jesus.
Though to be fair, I did once put
superglue on the sisters' toilette seats
at the convent.

MRS W: Gerraway!

SIOBHÀN: You got to protest. Clary.

Make them sit up.
Now your Fred and his band of shite
brothers have burned down the mission.

MRS W: Can't prove that

SIOBHÀN: Thanks to you.
They've put all the refugees into a
prison.

MRS W: They'll be better off?
There?... Perhaps?

SIOBHÀN: Like rats in a sewer.
They're people for Christ's sake.
When you think what they've been through.
You can't just sit back and let the
English dish it out.

MRS W: Perhaps we should just start?

SIOBHÀN: Direct action!/

MRS W: /My lesson?

SIOBHÀN: /Power!

MRS W: /Makes me feel good

SIOBHÀN: /Pride!

MRS W: /That's it

SIOBHÀN: Margate!

MRS W: Margate?

SIOBHÀN: Went to Margate

MRS W: What was you doing in Margate?

SIOBHÀN: Turner

MRS W: Who?

SIOBHÀN: Well he's not the Mona Lisa.
That's for sure.
Now is he? Turner?
But he's a good symbol.

ACT III
SCENE II

A week later, outside the 'Whyte Cliffs'.
Fred's white van is parked in the driveway.
Siobhàn is sitting with Mrs W who is
wearing leggings and a sloppy T shirt. Her
black eye has gone and her black eyebrows
have faded. Joan sits in the shadows

Siobhan softly croons:'When you were sweet
sixteen'. Joan listens

MRS W: *To audience*
She's been here now for a week. Siobhàn.
I told her. There's a spare room in the

72

attic, if she does a bit of cleaning. Bit
of cooking.
And at night, oh at night, she writes her
pomes and she sings. Like an angel.
Makes you feel good.
Makes you feel safe.

SIOBHÀN: *Stops singing*
A nation should guard its songs, Clary.
Guard its poems. Not its borders

We the IRISH, you hear me Clary?
THE IRISH ... we came to civilise you,
bring the WORD, to you, the English, the
heathens.

That's what you need Clary.
That's your riches, Clary.
Your words. Your songs.
Sing Clary

*Nonplussed, Mrs W starts to hum 'When You
were Sweet Sixteen'*

*Siobhàn points at the English flag hanging,
limply*

And your Saint George,
your Saint George up there Clary,
well he was a Turk.
Carried back to this island by the
crusaders.

MRS W: Best not tell Fred.

SIOBHÀN: Know your history Clary.
"You are the captain of your soul.
You are the master of your fate."

A moment
Fred out, is he?.
Van's in the drive.
Keys on the table ...

MRS W: He'll have taken the Harley. Or one
of his mates come and get him.
They're down at the garage. Re-spraying an
Astin.
Nicked most like. I don't ask.
Made a right mess. All over his overalls.
Covered in red paint.

Fade out, fade in to the following morning.

*Siobhàn is in the garden. Mrs W is talking
to Cliff. Joan is playing with the
telescope.*

SIOBHÀN: *To the audience*
All that time I wasted, wondering which
one to choose.
Which gallery to break in to?
Which masterpiece to pick?
What would get the most attention?
Right symbol of English Imperialism?
laughs

In the end I got the painting nearest the
door.

74

Can't see what it is. But it has to be a
master-piece. A Maaaster-piece!

Quick in an out

Threw red paint all over some Turner. Who
cares which one?

Me mate from the squat
He's waiting outside, in Fred's van.
Balaclavered up. Can't see his face.
Gunning the engine
Sure the CCTV will catch Fred's van.

Then we drive, quietly through the streets
of Margate.
Me mate drops me off at the Cliffs.
Then he parks Fred's van down at the
garage
Walks back on his own, to the squat.

Perfect.
Mrs W in front of the telly.

MRS W: *Wanders over to Joan*

She's a good girl, Siobhàn. Educated.
Not like Fred.
Thick as his block an tackle is Fred.

At night, she's up in the attic, writing
her pomes. Singing her songs.

Well satisfied, Mrs W goes inside to

replace the photo of the young Princess
Elizabeth over the sideboard with a
smiling photo of an aging Nelson Mandela.
Siobhàn follows her inside.

Fade-in to the following morning

MRS W: *Slapping the newspaper.*
What sort of a name is that then?
Joseph MALLORD Turner?

FRED: *Bored.* Dunno

MRS W: Well someone threw red paint all
over him last night.
Beat
They say it's nice.
That Turner Gallery.
Never been meself
Nice shop. Nice caf.

Joan puts on a policeman's cap and looks
straight at Mrs Whyte

(JOAN)POLICEMAN: Where was he last night
then, missus?
Go on tell me.
Or shall I guess?
With you!
Like every time we come to pick him up?
Like when Border Force got fire-bombed?

MRS W: *Beat.*
You can ask him.

Yourself.

To audience

That surprised him.

Surprised me an all

POLICEMAN: We got evidence:
Van
Spray-gun
Overalls
Red paint

MRS W: Surprised Fred an all.
'Come on Clary, love,' he says, 'I was
with you, right?'

'Wrong,' I says

'Come on Clary love. Tell 'em it's not me.
Why would I want to go tipping red paint
over some shitty painting?'

POLICEMAN: Because you can. That's why.
For the hell of it. That's why.
You been trouble all your life, Alfred
Tennant.

MRS W: He's starting to panic now, is Fred.
'Tell 'em I was here. With you, he says

POLICEMAN: Firebombed the detention
centre.

MRS W: You got nothin' on me, says Fred.

POLICEMAN: Anti Front march. When that Irish lad lost an eye

Siobhàn puts her hands up to her eyes

MRS W: Well you never could pin that on me,' says Fred.
'Why would I trouble meself for some bleedin' paintin'?
In Margate?'

POLICEMAN: Gentry - fication. That's why. This interest in Margate. All these nice people coming to have a look. Queers your pitch. Your little scams. Eh?

MRS W: Don't give a shite about some poxy painting, says Fred.
Tell em Clary. Tell 'em

No. I says.
And then he gets nasty.
Knew he would. You'll regret it gel, he says.'

But d'you know what? I'm tired.
I've had it up to here.
Whatever Fred.
Whatever. I says
You come for me Fred, and they'll lock you up longer.
Right gob-smacked he is. 'Why would I

attack a shitty painting?'

POLICEMAN: For a lark
Bored on a Saturday night
Your sort always does

MRS W: This feels good.
Orgasmic.
Haven't had one of them for a long time.

Feels so good.
Sending you down.
Fred.

And he's wheedling and he's whining with
his 'Please Clary love.'
Can't help you this time. Fred.
Don't know where you was last night.
And that's God's truth.

To audience
He can't hit me with Old Bill standing
there, but I hold me breath.
If they let him go, like all the other
times...
But this one is big.
National news.
They'll be raking over all the other stuff.

Vengeance is a dish best eaten cold.

A moment.
Mrs W starts to panic. Laughs hysterically

Cleo can visit you, Fred. *Cackles*
Bring you oranges. Bring you clothes.
Oh no!
I forgot, she's got no money.
I sacked her ...
She'll be off down the benefits office now
won't she?

POLICEMAN: *Softly.*
Couldn't get you for border control, but
this'll do nicely
Exit Fred and Policeman

MRS W: *Alone.*
He won't like it. Won't Fred.
He'll be back. He'll come back.
For me.
Fred
Always settles old scores

ACT III
SCENE III: THE SOUFFLÉ COLLAPSES

*One week later. Mrs W, Joan and Siobhàn are
in the kitchen.*

SIOBHÀN: It's not Cleo's fault

MRS W: She stole my Fred

SIOBHÀN: This big house. No one in it.

MRS W: There's the lads from Wigan

SIOBHÀN: Big house. Safe house

MRS W: We'd have been alright, me and Fred, if it hadn't been for her.

SIOBHÀN: Take her in. Take Cleo in.

MRS W: No.

JOAN: She can help with the cleaning. Help with the cooking.

MRS W: No.

JOAN: Should count yourself lucky.

MRS W: How's that then?

JOAN: She took him off your hands. Did you a favour.

MRS W: Tough.

SIOBHÀN: She's got nowhere to go

MRS W: Back to Transylvania.

SIOBHÀN: Have a heart.

MRS W: No way.

SIOBHÀN: Not her fault.

MRS W: It is

SIOBHÀN: She needs somewhere.
Put down her things.
Feel safe.

JOAN: Can't you see, Clary?
She's pregnant?

MRS W: What?

SIOBHÀN: The patriarchy...

MRS W: Pregnant?

SIOBHÀN: Male pigs. The patriarchy

MRS W: Whose baby?

SIOBHÀN: Doesn't matter.
It's not her fault.

MRS W: Fred's baby? Is it Fred's baby?

JOAN: How should I know?
Ask her.

MRS W: I can't ask her.
You ask her

JOAN: No

SIOBHÀN: Doesn't make any difference.
It's not the baby's fault.

She just needs somewhere safe.

MRS W: Safe?
*She staggers back. Pulls out a chair. Sits
down*
What am I thinking?
I'm not thinking.
Where is Fred?

JOAN: At her Majesty's pleasure. Inside.

MRS W: He'll send round his mates.
Fire-bomb the place.
I know him

SIOBHÀN: We'll get a dog

MRS W: Who's 'we'?

SIOBHÀN: You and me and Cleo.
And Joan.
Right next door.

JOAN: I'll have his balls off him if he
fire-bombs my shed. The bastard.

MRS W: Seen him do it.
Fill a bottle with petrol/

SIOBHÀN: /Restraining order/

MRS W: /stick a rag in the neck/

JOAN: /I'll have a word with Old Bill/

MRS W: /Strike a match.

JOAN: /Get him come round/

MRS W: /Chuck it./

JOAN: /regular/

MRS W: Bob's your uncle.
Seen him do it.

SIOBHÀN: Stand up to him. Stand up Clary.

MRS W: I can't

JOAN: You just did.
You've done the hardest

MRS W: Don't know what come over me.
They'll fire-bomb.
Acid in me face.
I've seen him take the bleach
Under the sink.
Like that lad.

SIOBHÀN: *Flinches. Hardens*
Don't be such a wimp. Clary Whyte.
Stand up to him.

MRS W: Acid in me face.
What if I lose my sight?
That's what happened to that lad.
I'll tell the police I was mistaken. Got
it wrong. He was with me.

SIOBHÀN: You'll do nothing of the sort

MRS W: You haven't seen him when the madness takes him.

JOAN: He's in prison.

MRS W: His mates aren't

JOAN: Won't be out for a long time

MRS W: *Sobs*

JOAN: You're not on your own

MRS W: What have I got?

SIOBHÀN: This great big house. And me and Joan and Cleo ... and the baby.
We'll get a dog.

MRS W: They don't even need to get out the car.
Just put down the window.

Easy.
Burn and maim

SIOBHÀN: We'll dig a moat.

JOAN: Pull up the drawbridge.

SIOBHÀN: Infra-red cameras.

JOAN: Impenetrable. That's what we are. Impenetrable Clary.

Up on the white cliffs. We're safe. We're safe here.

Lights dim. The moon rises. Mrs W walks out into the garden alone

MRS W: Joan says I should've booted him out long since.
It's my house, eh Cliff? My friend, white Cliff.

Fred's the only man what ever loved me. Really loved me. The only one.
Said he would protect me. Said he'd keep me safe.
Lota bad people out there.

He was always sorry. After.

Angry. Just like me dad.
He was always sorry after.

A moment

You and me, we love this place. Eh Cliff? Whyte Cliffs.

I can't manage on me own.
Fred knows how to unblock the lavs.

The kitchen, when the grease blocks up the sink.

Beat
I'll go an tell 'em he was here with me.

ACT III
SCENE IV: THE MAYOR'S PROPOSAL

Two days later, the Mayor and Mrs W are standing outside the Whyte Cliffs. Mrs W is crying into her pinny

MAYOR: Sorry to hear about your spot of bother Clary

MRS W: *Sobs*

MAYOR: It'll be alright

MRS W: *Into her pinny.*
It won't.

MAYOR: Always a badun.

MRS W: I tried to tell 'em

MAYOR: You're better off

MRS W: *Looks up*
I tried to tell 'em.

MAYOR: Believe me

MRS W: I tried to tell em

MAYOR: You're better off.

MRS W: *Sobbing*
Place is falling down
Damp in the attic.
I've only got the lads from Wigan.
Boots on the coffee table.
No respect.

MAYOR: You'd be better off without them as well.

MRS W: What use is a guest house without any guests?

MAYOR: I know. I know. What with Brexit.

MRS W: *Sobbing.* Immigrants in the streets.

MAYOR: Detention centre fire-bombed.

MRS W: Scares the guests away

MAYOR: Always a badun. Fred Tennant.

MRS W: He'll be back.

MAYOR: Not for a while

MRS W: I tried to tell 'em. Old Bill.

Wouldn't have it.
Now the papers have got their teeth into
him.

MAYOR: They need to get the narrative
right.

MRS W: Said I'm unreliable.
Told me to go home.
Unreliable.
Me?

MAYOR: You can't re-write the narrative
Clary. Once it's out there

MRS W: He'll send his lads round

MAYOR: Thing is.
All these folks. Turning up on the
beaches. In the lorries, they've got
nowhere to go

MRS W: Should've stayed at home then
shouldn't they?

MAYOR: Nowhere to stay

MRS W: Problems of me own

MAYOR: They're tired Clary.

MRS W: When did he start calling me
'Clary'? Eh? Cliff?
Who does he think he is?

MAYOR: They're tired Clary

MRS W: *Angry*
Me too
I'm tired

MAYOR: They're scared

MRS W: How d'you think I'm feeling?

MAYOR: After all they've been through.
Refugees. Pitching up
Lorries
Dinghies.

Beat
So the thing is..

MRS W: No

MAYOR: The thing is

MRS W: NO!

MAYOR: Hear me out Clary
Beat.
How much do these lads pay you?
A night?

B and B. I mean.
How much?

MRS W: Fred gives 'em special rates. Cos
they're his mates.

90

MAYOR: How much?

MRS W: Twenty five

MAYOR: Twenty five pounds?

MRS W: Full English

MAYOR: *Beat*
The government will give you four, five
times that

MRS W: What?

MAYOR: One hundred pounds. How does that
sound?

MRS W: ?

MAYOR: Per person

MRS W: For real?

MAYOR: For one night. Possibly more.

MRS W: Who's paying?

MAYOR: Tax payer.

MRS W: That's scandalous!

MAYOR: Think about it. Clary.
One hundred pounds ... More...

MRS W: I haven't got the staff

MAYOR: They'll help out.

MRS W: Why would they?

MAYOR: Something to do. Take their mind off
...
Bit of gardening?

MRS W: Right?

MAYOR: Bit of painting?

MRS W: OK?

MAYOR: Unblocking the toilets?

MRS W: Yer on!

MAYOR: *Beat*

The thing is. Clary. Love.
You don't get to choose.
You have to take who they send.
Afghans, Syrians, Sudanese...

MRS W: One hundred and twenty?

MAYOR: And children. Unaccompanied
children

MRS W: A night?

MAYOR: You'll have to keep watch. Some children go missing

MRS W: Run off?

MAYOR: Kidnapped. Gangs. Traffickers.
beat
There's this young girl.
Her mother died in the bombing in Syria.
Father lost in the Channel.
That storm. Boat capsized.
Not enough life jackets.

MRS W: Bastards! The bastards!

MAYOR: She needs somewhere safe.

MRS W: Bastards

MAYOR: She won't talk.
Can't talk.
Sits by the wall and she stares
I don't know what she sees
But she stares.
She rocks backwards and forwards
Holding her Harry Potter backpack
It's all she's got.

She's vulnerable Clary.

MRS W: Bastards

MAYOR: She needs a safe house Clary

MRS W: I'll not be losing any more children, I can tell you.

A moment

MAYOR: One other thing. *Puts hand in pocket.*
I brought this. *Pulls out Yoni*

Thought you might be wanting to put it?
Back?

Proffers Yoni

On the coffee table?
Beat
Could bring round my cappuccino machine?
Expresso?
If you like?

Mrs W takes the Yoni and looks up

MRS W: Right. Well ...
The mayor kisses her on the cheek and leaves.

MRS W: *Toying with the yoni.*
I'll tell the Wigan lads they have to go.
Nothing personal.
Not "economically viable".
Trained book-keeper, me.
God knows what Fred'll think.
He'll turn in his grave ...
In his cell.

ACT III
SCENE V: MORE IRISH

Two weeks later. Mrs W is standing outside the Whyte Cliffs. Joan and Siobhàn in the wings. The flag of Saint George has been replaced by a LGBQT rainbow flag. A sign on the lawn in red paint, declares: GIVE US MORE BLACKS, MORE DOGS, MORE IRISH, MORE CHILDREN!

MRS W: No brainer, says Siobhàn. She puts up that flag and paints this sign: GIVE US MORE BLACKS, MORE DOGS, MORE IRISH, MORE CHILDREN!

Well it did make me laugh.
I have to say, it did make me laugh.
Real wag, that Siobhàn.
Says they can see it from Calais

Siobhàn makes V for Victory sign
Not that I agree. Mind.
But it's a good joke.
She says it'll give Fred a heart attack if ever he comes back!
You have to laugh.

Joan pulls a face
She is a one.
That Siobhàn.
Good joke.
Beat

95

But it's not a joke is it?
He'll be back Fred.
He'll come back.

And she won't stay for ever. Siobhàn.
Says she wants to go to Paris. To the
Sore-Bon. Whatever that is.
Says she's done what she come for. Settled
an old score.

That Cleo's off an all. Got herself a job
in Amsterdam.
What with Brexit. Says there's nothing
here for her now.
If the baby's born there it'll get Dutch
nationality.
Imagine that. Fred's baby with clogs.

Beat
They won't keep him in, forever. Fred.
If something happens to me.
One day. When they let him out.
If something happens to me...
And it will.

I don't want Fred getting his grease-
monkey hands on my Whyte Cliffs.
It's got to be a refuge. A safe house.

I'll tell the mayor. The town can have it
If something happens to me ...
It's got to be a safe place for girls to
come.
Out the storm.

A safe place, for girls to come. Feel
safe.

Hums 'Have you ever seen the rain'.

MRS W: I'm going to join Joan's all-girl-
choir.

*Joan and Siobhàn shake triumphant fists in
the air*

Hums

I have a dream. I see.
Arms swaying above her head

I see a choir.

A choir of vaginas singing
Together
In perfect harmony.
I have a dream.
Beat
But sometimes
When I wake
In the night
Sometimes
In the night
I swear I can smell pork sausages
on the grill
sizzling.

Joan and Siobhan step out of the shadows and together, the three women sing 'Have You Ever Seen the Rain?'

CURTAIN

THE WHYTE CLIFFS
une tragi-comedie

Traduit de l'anglais

par

FANNY CHOLET & ELAINE KENNEDY-DUBOURDIEU

PERSONNAGES

Mrs Clarissa (Clary) Whyte = Mrs W
Propriétaire de la pension de famille, *The Whyte Cliffs*.
Début de la cinquantaine

Siobhàn
Militante irlandaise de 24 ans, qui chante dans la rue pour gagner sa vie : elle est en route pour la Sorbonne à Paris pour préparer un doctorat en études post-coloniales. Elle est présente sur scène tout le temps, mais souvent en retrait

Joan
Amie et voisine de Mrs Whyte, la quarantaine bien sonnée. Propriétaire d'un salon de beauté qu'elle a installé dans son cabanon de jardin. Très maquillée, elle porte une mini-jupe et des talons aiguille.

Fred Tennant
Conjoint de Mrs Whyte, proche de la soixantaine. Mécanicien à temps partiel et cuisinier au *'Whyte Cliffs'*. Ancien membre du Front National.

Joan joue aussi les personnages suivants:

Le Maire
Le genre renard argenté. La cinquantaine.

Cléo (Cléopatre)
Jeune femme de ménage au 'Whyte Cliffs'. Sa
Roumanie natale lui manque.

Le Docteur

La sage-femme

Le policier

Le chœur

La pièce se déroule à l'intérieur et aux
alentours de la pension de famille *The
Whyte Cliffs,* une villa jadis élégante,
perchée au bord des magnifiques falaises
blanches qui surplombent la Manche, en
direction de Calais.

L'action se déroule pendant la longue
canicule d'août 2022.

ACTE I
SCENE I: NUAGES

La scène est dans l'obscurité sauf un
faisceau lumineux sur Siobhàn, à l'avant
gauche. Elle porte une courte jupe
écossaise et des DM noires. A ses pieds,
une casquette contenant quelques pièces.
Elle chante 'Both Sides Now' de Joni
Mitchell.

SIOBHÀN: *chantant, le jour se lève autour*
d'elle

Rows and flows of angel hair
And ice cream castles in the air
And feather canyons everywhere
I've looked at clouds that way

Un avion passe à travers les nuages
trainant une bannière où on peut lire :
'PAS DE NOIRS, PAS DE CHIENS, PAS
D'IRLANDAIS, PAS D'ENFANTS'.

But now they only block the sun
They rain and snow on everyone
So many things I would have done
But clouds got in my way.

I've looked at clouds from both sides now
From up and down, and still somehow
It's clouds illusions I recall
I really don't know clouds, at all.

Lumière sur un gazon desséché et l'éclat de falaises blanches. Un après-midi d'été sous une chaleur écrasante. Un drapeau de St George pendouille sur un mât. Une camionnette blanche est garée sur l'allée en pente d'une villa autrefois élégante, aujourd'hui 'The Whyte Cliffs Guest House'.

Siobhàn recule dans l'ombre. 'Rule Britannia' commence à jouer. Siobhàn se bouche les oreilles. Mrs Whyte entre et se dirige vers un vieux télescope dressé sur le gazon et qu'elle caresse avec satisfaction. Ses sourcils sont lourdement accentués de noir et on voit des traces d'un œil au beurre noir. Elle porte un beau tailleur avec un chemisier à col noué à la Margaret Thatcher. Elle se balance au rythme de la musique qui est peu à peu remplacée par les cris des goélands argentés. Siobhàn enlève ses mains de ses oreilles.

MRS W: Nous sommes un peuple insulaire, solitaire. En fin de compte.

Elle marche jusqu'au bord de la falaise

Hein, Rocky? ma vieille falaise? Mon

vieil ami
Rocky?
Ma falaise blanche, comme la craie.
Tu nous protèges. Tu nous mets à l'abri.

On est des insulaires. Hein Rocky?

Fred dit qu'autrefois le continent était
relié. A nous.. Comme des jumeaux siamois.
Ensuite ils ont été coupés, de nous. Ils
ne s'en sont jamais remis.
Enfoirés de continentaux.

Whyte.
Blanc c'est mon nom. Blanc ma nature.
Ici c'est le meilleur endroit au monde.
Au-dessus de la Manche. ENGLISH Channel.

SIOBHÀN: *fait une grimace et marmonne
'enfoirés d'anglais'.*

*Joan entre, marche vers le télescope et le
tapote.*

JOAN: Le Colonel l'a ramené d'Inde. Gardez
un œil sur les français, qu'il disait.
Tous des Napoléon. Ils n'ont qu'une idée
en tête. Nous conquérir.
*Elle scrute l'horizon à travers le
télescope.*
On dit qu'il y a un panneau là-bas :
«Bienvenue à Calais, jumelée avec le
Bureau des allocs du Royaume-Uni."
Siobhàn fait un doigt d'honneur.

J'y suis jamais allée. Moi. A Calais.

Elle dirige le télescope vers Mrs W

Je lui ai dit qu'elle devait s'affirmer. Ne
pas se laisser faire.
On voit pas ses sourcils. Disparaissent
dans son visage. Elle envoie pas les bons
signaux.
Je lui ai dit - faut les faire ressortir.
Je vais t'arranger ça. Faut qu'on les voie
mieux. Je vais t'arranger ça.
Pause
Et pendant que t'y es, faut dire à Fred ce
qui te branche. Ce qu'y te faut.

MRS W: Eh bien, j'ai dit. Je lui ai dit à
Joan. Peut-être que je vais juste commencer
par les sourcils.
Et voilà le résultat.
*Elle montre ses sourcils couleur charbon
et son oeil au beurre noir.*
Un croisement entre une drag queen et la
méchante sorcière.
J'ai l'air...
Euh ...
Surprise.
Tout le temps.
J'ose pas trop le dire à Joan..
Je veux pas la contrarier.
Lui dire qu'elle s'est plantée.
Elle a son salon de beauté dans son abri
de jardin.
Normalement Joan sait comment s'y prendre.

Et quand elle n'y arrive pas, elle me dit
chez qui aller. J'ai tout eu. Le Botox, la
totale.

FRED: Mais qu'est-ce t'as encore foutu,
femme?
Surprise par le son de la voix de Fred,
Siobhàn sort de l'ombre.

MRS W: Ooh. Voilà mon Fred.

Siobhàn recule dans l'ombre

FRED: Tu peux pas laisser tranquille,
hein? Femme?
T'as encore fait quelque chose.
J'arrive pas à mettre le doigt dessus ...

MRS W: Donne-moi ton doigt et je te montre
où le mettre, je lui dis, mais il m'écoute
pas.

Pause

C'est du travail. Gérer des chambres
d'hôtes.
Autrefois Fred me donnait un coup de main
pour le ménage. Les courses.
Maintenant il passe presque tout son temps
au garage. A faire ses petites magouilles.
Ses «affaires»

Quand ça lui chante, il prépare les p'tits
déj. A l'anglaise. Complets.

Et maintenant il a sa chère Alexa.

FRED: Alexa! Joue-moi Elvis.

MRS W: Et elle le fait. Toute obéissante.
Il chante en même temps, le plus fort
possible, pendant qu'il fait frire les
saucisses.
Tu l'entends toi, hein, mon beau rocher?
Mon Rocky?

Tu devrais baisser un peu le son, Fred.

FRED: Peuh, les clients adorent.

MRS W: Les appelle pas 'les clients' Fred.
Ce sont nos hôtes.

FRED: Me dis pas ce que je dois faire,
femme! JAMAIS!

Siobhàn a un mouvement de recul

MRS W: Des fois je me dis que j'aurais dû
fermer mon clapet.

A la radio locale, ils l'appellent le
«cuistot chantant».
On a besoin de travailler. Y a plus
d'excursions à Calais, pour faire des
emplettes d'alcool. Depuis le Brexit.
Autrefois les gens allaient l'autre côté
juste pour faire le plein de "Meur-low" et
"Savi-yon blank."
Puis ils passaient la nuit chez nous et

rentraient le lendemain.

Pause

C'était sympa avant. Une vraie station
balnéaire. Maintenant tout ça c'est fini. Il
reste plus que la racaille. Aucun respect.

Siobhàn lèvre les bras

J'ai même dû mettre des affiches partout:
'Pas de chiens'
'Pas de bottes de chantier.'
'Pas de nourriture non digérée dans ces
toilettes'.
C'est clair, non, même si on est un peu
bouché?
Tu comprends, toi? Hein mon Rocky?
Ils essayent toujours d'amener leur fish 'n
chips. De les manger dans leur chambre.
Chuis obligée de taper à la porte.
Ils me prennent pour une idiote.
Ils pensent que je vais pas reconnaitre
l'odeur de la poiscaille et des frites
...chez moi.
Pause
Bon, j'ai une femme de ménage. Elle
s'appelle Cléo.
Clée-oh-pâh-tre.
Elle lui ressemble d'ailleurs. Longs tifs
noirs et une espèce de frange. On voit à
peine ses yeux.
C'est une roma.
De Roma-nie.

Siobhàn se frappe la tête
On trouve plus de travailleurs anglais. La
dernière a fichu le camp. Elle disait qu'il
faisait trop chaud dans la chambre de
bonne.
La Clée-oh-pâh-tre raconte qu'elle vient
de Trans-Syl-vanie.

JOAN: T'as intérêt à verrouiller la porte
de ta chambre la nuit.

MRS W: Pourquoi donc? Toujours
l'innocente, moi.

JOAN: Pour te protéger. C'est de là-bas
qu'il vient. Dracula. De Transylvanie.

MRS W: Mais je peux pas faire ça, tu sais.
Fred sort pour faire son jogging tous les
soirs pendant que je suis au lit.
Enfin c'est ce qu'il me dit.
Maintenant, c'est son truc, le "fitness".
Et la chanson.

Et elle se plaint, elle aussi. La Clé-oh-
pâh-tre.
Quand il fait 30 degré là-haut. «Trop
chaud beaucoup Madame» qu'elle me dit.
Elle arrive pas à s'exprimer correctement.

Bien enrobée celle-la.
ça déborde de partout.

JOAN: Tu devrais te faire faire .... une "augmentation".

Elle mime en soulevant ses seins avec ses mains.

MRS W: Et quand est-ce que j'aurai le temps? Ou l'argent?

JOAN: Tu devrais lui montrer à ton Fred, lui montrer cette Victoria Woods. Quand elle est au piano.
Avec ses yeux qui brillent et ses sourcils touffus.
Elle se met à chanter:

Let's do it! Come on! Let's do it tooo- niiiiiiiiiiiiight.

Et elle sautille sur son tabouret de piano.
Je te montrerai où la trouver, c'est sur la chaîne *'Vintage'*.

MRS W: J'aimerais que t'en fasses un peu plus, tu sais, Fred. Que tu t'occupes un peu plus de moi, Fred. C'est ça que j'aimerais.
Que tu me fasses mon affaire .

FRED: C'est dépassé. Tout ça. Le 'vintage'.

MRS W: Depuis quand c'est dépassé? Le sexe?

JOAN: Ca doit être la ménopause masculine. Toute cette course à pied. Ça rétrécit les, tu sais ... Son testostérone. Tu pourrais te trouver du Viagra. Sur Internet. Si tu veux. Lui coller ça dans sa bière. Ca marcherait à tous les coups.

MRS W: *Lèche son doigt et lisse ses sourcils noirs.*
'Pose-toi donc mon lapin,' je lui dis, samedi soir, devant la télé. Une petite bière bien fraîche *Elle laisse tomber une petite pilule bleue dans la bière.* Il y a le match. Liverpool... contre Madrid. Dans le gai Paaaris. La Capitale de l'amour. Fred ne résiste pas à un match. Il s'assoit. Avec sa bière. Mais ça commence à déraper dans le gai Paris. Les français disent que c'est la faute des hooligans de Liverpool. Une histoire de faux billets. Et ça commence à chauffer.

FRED: Enfoirés de français.

MRS W: Il tape sur la table un grand coup

avec son verre de bière. Ca tombe partout
sur mon beau tapis Axminster. Les taches
se voient pas. Mais c'est l'odeur que tu
peux pas enlever.
Et v'là mon Fred qui fiche le camp.
Quel gâchis.

Enfin. Il en reste encore trois dans la
boîte.

JOAN: Bon, si ton Fred il veut pas jouer
aux boules, tu pourrais essayer un massage.
Peut-être? En attendant?
Pour te détendre.

MRS W: Et j'ai le temps, moi, pour un
massage?

JOAN: Ton masseur perso.
Je vais te montrer le mien.
T'as pas besoin de passer tout de suite à
l'artillerie lourde.
Tu peux commencer en douceur. Avec le
frisson.

MRS W: C'est quoi ce truc?

JOAN: Ca chatouille.

MRS W: J'ai jamais aimé les chatouilles.

JOAN: T'appuies juste sur le bouton et tu
te trémousses ... un peu comme sur une
vague. Ca émoustille un peu. Essaye au

plumard. Pendant que Fred fait sa «course
à pied".
Je te prêterais le mien mais côté hygiène
c'est pas top.

MRS W: Elle est vraiment branchée Joan.
Je pourrais pas me passer d'elle.
Donc me voilà partie faire un petit tour
en ville, direction le sex shop.
Mais juste quand je m'apprête à entrer
dans le magasin, qui je vois arriver au
bout de la rue, mais Madame Walters notre
dame patronnesse. Du coup je lui fais un
grand bonjour et je passe mon chemin.

JOAN: Achète-le sur Amazon alors.
Je vais te montrer.
Il arrivera direct chez toi.

MRS W: Mais ... il va penser quoi le
facteur?

Siobhàn mime la surprise horrifiée

JOAN: On s'en tape!

MRS W: Et Fred?
Si c'est lui qui prend le paquet?
S'il ouvre?

Pause

Du coup je suis dans le jardin. Toute la
journée, je poirote.

J'ai les plus beaux hortensias sur la côte.
T'avais remarqué, hein, mon Rocky?
Quand la camionnette de livraison arrive.
Et voilà Fred, qui remonte l'allée.
C'est pour moi, je lui dis.

FRED: C'est quoi encore? Cette connerie?

MRS W: Il a un sacré tempérament, le Fred.
Il me pousse dans les hortensias.
Faut faire gaffe avec Fred.
'Un nouveau nettoyant anti-calcaire,' je
lui dis.
Heureusement, c'est dans une boîte kraft.

FRED: Ah. Ca sert toujours. L'eau de
javel.

*Effarée, Siobhàn secoue son poing vers
Fred.*
*Son des vagues qui roulent sur les galets
en bas de la falaise.*

MRS W: Alors je tente le coup.
Je devrais pas te raconter ça mon Rocky
...
Mais c'est un peu,
Cris de mouettes
Bruyant.
Je suis là, allongée, en nage, je tends
l'oreille au cas où Fred monterait
l'escalier,
ça doit me rendre un peu, tu sais,
stressée.

Ces dernières années, on ne peut pas dire
qu'elle ait vu beaucoup d'action, cette
zone-là.
Je préfèrerais bien Fred.

Pause

Alors je vais chercher la boîte.
Du Viii - agraa!
Tu le sors de sa boîte.
Tu l'écrases, tu en fais une poudre.
Tu verses ça dans sa bière.
Il fait si chaud dehors.
Fred la vide, sa bière. Jusqu'au bout
Ensuite il sort.
Faire son jogging.
Par cette chaleur.

Quelques minutes plus tard, eh ben le
voilà de retour.
Il se traîne comme une loque.
Il ne court pas.
Il ne marche pas..
Il se dandine, plutôt.
Comme un canard. Tu l'as vu mon Rocky?
Les pieds en éventail. Comme un canard.

Il s'écroule sur le canapé.
Mrs W marche jusqu'au télescope. Le
mesure, puis se retourne, et mime sa
longueur avec ses mains.
Siobhan l'imite. Fait semblant d'être
émerveillée.
A voir, tu jurerais qu'il a enfoncé le

Journal de Dimanche dans son fut.
Tout gonflé.
Son ... ben ...
Son zizi quoi.
Tout gonflé.

OOOH? Fred? Qu'est-ce qui se passe?

FRED: Imbécile! Appelle la putain
d'ambulance. Merde!
ça fait un mal de chien.

Siobhan applaudit

MRS W: Et il reste là. Allongé sur le
canapé et il hurle. Comme le vent sur la
falaise. Il hurle.

Elle laisse tomber ses bras.
Bon. Eh ben les ambulanciers. Ils
arrivent.
Au bout d'un moment.
Et ils n'ont pas vraiment ...pitié de lui

Siobhàn s'esclaffe en silence
'Vous vous êtes astiqué le jonc?' C'est le
jeune qui lui dit ça.

FRED: *Les dents serrées*
Je faisais ... mon jogging.

MRS W: 'Vous avez pris un truc?' dit
l'autre. 'On dirait que vous avez pris un
truc.'

118

Il se frotte les mains. L'ambulancier.
Et je jure. Sur la tête de ma mère. Je
jure qu'il sourit.
'Il faudra sans doute une incision pour
drainer tout ça.'

Siobhàn imite un coup de scalpel

Alors ils le sortent sur une civière. Les
gyrophares et tout et tout. Les gars du
chantier sont dans la rue. Ca siffle, ça
applaudit. Et la Cléopâtre

CLÉO: Oh Fred! Quoi est arrivé?

MRS W: Je dis aux ambulanciers de le
couvrir.
Mais ça se voit encore ...ça rebique

Elle s'évente avec les mains.

Vous voyez ce que je veux dire? Sous la
couverture?
On voit encore sa trique
Sous la couverture.

ACTE I
SCENE II: L'AMOUR DE MA VIE

L'après-midi suivant dans le salon du 'Whyte Cliffs'. Chaleur écrasante. La baie sur le jardin est ouverte. Mrs Whyte est assise sur le canapé, une tasse dans les mains. Une photo encadrée du Duc d'Edimbourg et de la jeune Reine Elizabeth est accrochée derrière elle. Siobhàn observe dans l'ombre.

MRS W: Comme la Reine.
Fred c'est l'amour de ma vie.
Moi, avec ma petite tunique d'écolière.
Lui, un peu plus vieux.
Longues jambes. Un jean. Moulé là où il fallait. Il se la mettait en valeur. Comme Mick Jagger.
Je n'en revenais pas qu'il s'intéresse à moi.
Pause
Il est marrant, Fred.
Il fait rire tout le monde.
Enfin. Sauf ma mère.

Elle étire ses bras au-dessus de sa tête.

Le samedi soir derrière l'abribus. Super.
On fait pas mieux.
C'est dommage pour ceux qui n'ont pas connu ça.
Le grand amour. Du vrai sexe. J'avais 16 ans.

Il n'a pas pris la poudre d'escampette.
Quand je suis tombée en cloque.
Y'en a beaucoup qui se seraient barrés.
Il a dit qu'il s'occuperait de moi. Qu'il
me garderait, près de lui, en sécurité.
Ma mère a dit que j'allais gâcher ma vie.
Elle a trouvé cette faiseuse d'ange. Pour
régler «le problème».
Ensuite elle m'a envoyée au lycée pro.
Au lieu du bébé.
mais moi je voulais le bébé. Le bébé de
Fred.
Ma mère disait que c'était une racaille.
Pas du même milieu.
Donc j'ai suivi des cours de compta.
A la place. A la place du bébé.

Mais Fred, il était toujours là. Il
travaillait au coin de la rue. Au garage.

Pause

Et puis ma mère a eu un accident.
Elle tournait dans la pente, dans l'allée
avec sa voiture. Là, juste là.
Elle a dérapé par-dessus la falaise.
Les freins ont lâché.

Elle crie
Hein mon Rocky?
T'as vu ma mère faire son vol plané au-
dessus de ta tête, hein?

Siobhàn choquée sort de l'ombre tandis que

121

les goélands crient dans le ciel.

Elle s'est écrasée en bas, sur les galets.
La voiture, foutue.
Ma mère aussi.
Et la voiture. Elle venait de passer le
contrôle technique.
Criant: T'as toujours dit que c'était
Fred? Le coupable? Hein mon vieux Rocky?

Siobhàn opine du menton
C'est pas une mauvaise façon de partir
quand on y pense. On n'a pas les soucis
qui viennent avec l'âge, la vieillesse.
*Elle regarde le salon autour d'elle avec
satisfaction.*
Elle m'a laissé sa maison.

FRED: Ca ferait des belles chambres
d'hôtes.

MRS W: Il s'installe. Fait tous les
travaux.
Moi, je gère la maison, je tiens les
comptes ...
*Elle se lève, défroisse sa jupe et
frissonne*
Mais alors les nuits,
Ooh les nuits,
Dans la chambre de ma mère.
Fred me prenait ... juste avec mon
tablier.
Il me coursait à travers la chambre
Me prenait dans ses bras comme un poids

plume...
Plume de mouette.
Il me faisait sauter dans ses bras. En
l'air. Me jetait sur le lit.
Le lit de ma mère.
Puis il se jetait sur moi.
Un vrai homme, mon Fred.
Je l'aime. J'ai besoin de lui.
Pause
Des taches sur les beaux draps roses de ma
mère.
Mais plus jamais de bébé.
Elle avait fait ce qu'il fallait pour. Ma
mère.

*Elle boit une gorgée de thé. Fait la
grimace.*
C'est la routine qui tue.
Fred. Il adore la fête. Il aime ses
potes. Il s'ennuie avec moi.
Pause
Et moi dans tout ça? Je passe le plus
clair de mon temps à écrire des affiches.

'Pas de préservatifs souillés sous le lit'
'Prière de garder les sous-vêtements
souillés dans un sac fermé.'

Fred aime bien sortir avec ses potes. Il
allait aux manifs du Front National,
jusqu'à ce qu'il y ait une embrouille et
qu'un jeune perde un œil.
Siobhàn se prend la tête dans les mains

FRED: Conard.

"Antiraciste". Manifester contre le FN et croire qu'on va pas te retrouver?

Siobhàn montre son poing à Fred

Reste chez toi mec si tu veux pas d'histoires.

MRS W: Maintenant il va aux réunions avec ce Ric

Il rigole tout le temps Ric.

Tout est drôle pour lui.

Il m'avait recrutée pour faire la pub.

Distribuer des tracts.

FRED: Rendez-nous nos frontières!

Rendez-nous notre souveraineté!

RENDEZ-NOUS NOTRE ARGENT!!

Trois cent cinquante millions

PAR SEMAINE!

Sauvez notre Sécu?

MRS W: Il a du mordant, mon Fred.

La plupart du temps maintenant il est fourré au pub avec ses potes.

Mais moi... je suis sa pote.

Je suis son âme sœur. Moi.

Gros soupir de Siobhàn.

ACTE I
SCENE III: FAITES DE BEAUX RÊVES

Parking de la superette. Siobhàn chante
'Sweet Sixteen' (The Furies), assise sur le
goudron, une casquette posée à côté d'elle.
Arrive Mrs W, tirant un chariot à
provisions.

SIOBHÀN: *Chante.* "When first I saw the
love-light in your eye
I thought the world held naught but joy
for me
And even though we drifted far apart

MRS W: *S'arrête pour écouter.*
Musique divine...Un ange./

SIOBHÀN: *Chante /* I never dream but what I
dream of thee.

MRS W: Ca change.

SIOBHÀN: Que Dieu vous bénisse, ma mère!

MRS W: Ca change de tous ces Roms qui font
la manche et repartent dans leurs BM.
Ouvre son porte-monnaie

SIOBHÀN: Que Dieu vous bénisse, ma mère.

MRS W: Ca fait bien longtemps que personne
m'a bénie. Mais je suis la mère de

personne, ma fille.

Elle lui donne 10 euros.
Tu devrais pas rester là. Assise par
terre. Ta mère te l'a jamais dit? Ca donne
des hémorroïdes.

SIOBHÀN: Non aux énergies fossiles ma
mère!

MRS W: Energies fossiles?

SIOBHÀN: La violence. Stop à la violence,
ma mère. Le viol de la planète. La violence
faite aux femmes. Le testostérone. C'est
le testostérone qui en est la cause.

MRS W: D'accord. Bon. Faut que j'y aille.
Sinon y'aura rien pour le p'tit déj demain.
Hein?
Elle entre dans le magasin

SIOBHÀN: *chante*
I loved you as I've never loved before,
since first I saw you on the village green.
Come to me ere my dream of love is o'er.
I love you as I loved you,
when you were sweet"/

MRS W: *Sort de la superette, tirant son*
chariot.

/oh ma petite. Faut pas rester assise ici/

SIOBHÀN: *Chante:* / I loved you as I've never loved before /

MRS W: /Fait humide.
elle s'arrête

SIOBHÀN: *Continue à chanter:* /Since first I saw you on the village green."

MRS W: *Trouve un tas de cartons aplatis. Elle en prend un.*
/Tiens. Petite. Mets ça sous tes fesses /

SIOBHÀN: *Chante:* Come to me ere my dream of love is o'er./

MRS W: *Elle essaye de pousser le carton sous les fesses de Siobhàn. Grognement d'effort/*

SIOBHÀN: *Chante:* /I love you as I loved you, when you were sweet/

MRS W: */Grognement d'effort*

SIOBHÀN: /When you were sweet sixteen.

Siobhàn se lève. Il y a du sang sur sa jupe, ses fesses, et l'arrière de ses jambes.

MRS W: Oh ma pauvre...
Attends.
Elle laisse son chariot et retourne dans

le magasin.
Siobhàn se lève, empoche les pièces, met
sa casquette et part, tirant le chariot à
provisions de Mrs W en chantonnant.
Mrs W revient avec un paquet de serviettes
hygiéniques.

MRS W: EH BEN! C'est gentil ça!
Quel culot!
Autant pour moi!
Et puis ça m'a coûté en plus...
(*Démoralisée*)
Mieux vaut rien dire à Fred.

Retourne dans la superette

ACTE I
SCENE IV: MEN-O-PAUSE

Le même après-midi. Salle d'attente du
médecin.

Joan, toute contente, attend avec Mrs W,
tristounette. Siobhàn est assise sur le
côté.

JOAN: Je sais ce qui va pas, chez toi.
Elle chante: C'est le retour d'âââge

MRS W: Quoi?

JOAN: Le grand M

MRS W: Em?

JOAN: La Men ... la Men Oh Oh! ...

MRS W: Me parle pas d'hommes

JOAN: La Men - Oh -Pause! Oh!
Rentre dans ce cabinet et dis au toubib ce
que tu veux.

MRS W: *chuchote.* C'est la ménopause docteur
Donnez moi quelques cachets et ça ira
mieux.

(JOAN) MÉDECIN: *qui enfile un stethoscope*
C'est terminé tout ça ma petite dame.
Antédiluvien. On ne donne plus de cachets
pour ça. Je vous prescris un rendez-vous
avec la sage-femme.

MRS W: Mais j'attends pas un bébé!

MÉDECIN: La sage-femme peut régler tous
les petits problèmes de la gent féminine.
Vous verrez.

JOAN: *Enlève son stethoscope*
Ça va aller. T'inquiète.
*Elle cherche dans son sac à main et sort
un carton d'invitation.*

Regarde! On est invitées à une petite
soir-ée -eh! Au château, par le Maire et
la Chambre de commerce.

On va toutes au bal.
Siobhàn pose son dépliant et écoute

MRS W: Pourquoi?
*Elle s'empare du carton d'invitation et
commence à s'éventer avec.*

JOAN: Entreprises locales

MRS W: Ca compte comme une entreprise?
Ton salon de beauté? Dans ton abri de
jardin?

JOAN: Ils veulent "faire connaissance."

MRS W: On crève de chaleur ici. Ou c'est
moi?

JOAN: Le maire veut nous parler de "la
situation".

Siobhàn lève la tête
Les migrants de Calais. L'effet sur les
affaires.
Ce qu'il fait pour nous "protéger".
Avant qu'on aille voter pour quelqu'un
d'autre.

MRS W: *Cajoleuse, elle appelle Fred.*
Oooh Fre-ed!
Viens avec moi Fre-ed!
C'est une sortie. Une soiréé. Ensemble.
Et tu pourras dire au Maire ce que tu
penses de lui.

FRED: Pas question!

Ce foutu centre de migrants.

Sur mon paillasson.

MRS W: Dis-lui en face. Avec un verre de champaaagne et ... et des canapééééés!

FRED: Oh il peut bien se les payer, ce connard. Canapés. Avec mon fric.

Il peut se les mettre là où je pense, ses canapés, là où le soleil ne brille pas.

MRS W: Un sacré farceur mon Fred. Mais il voulait rien savoir. Préfère aller au pub pour le karaoké. Avec Cléo ... Et ses maracas.

ACTE I
SCENE V: YONI

Salle d'attente de la sage-femme. Deux jours plus tard. Siobhàn est assise sur une chaise et lit un dépliant sur l'endométriose. Mrs W. agitée, se ventile bruyamment avec un éventail espagnol.

(JOAN)SAGE-FEMME: *En blouse* blanche: 'A-TRO-PHI-EH!'

MRS W: Quoi?

SAGE-FEMME: Si on s'en sert pas, ça se ratatine.

MRS W: Quoi?

SAGE-FEMME: Votre vagin.? ... Votre vulve?

MRS W: Vulvo? Fred n'en voulait jamais. Trop de gadgets électroniques sous le capot. Impossible à réparer./

SAGE-FEMME: /Ca se ratatine, ça se dessèche.
Manque d'usage peut-être?

MRS W: *s'arrête nette de se ventiler:*
C'est un sourire en coin? Ca? Elle se marre? La "sage" femme? Elle se fiche de moi?
Je ne lâche rien sur le petit joujou de Joan mais je lui raconte pour Fred et comme il ne s'intéresse plus à moi. Et comment pour moi y'a plus de jus. Comme la fois je l'ai coincé dans le placard à balais, ça voulait pas rentrer. Ca m'a fait un mal de chien.
Déprimant.

SAGE-FEMME: Vous devriez peut-être essayer avec un Yoni

MRS W: Un quoi?

SAGE-FEMME: Un yoni

MRS W: Un quoi?

SAGE-FEMME: Un yoni.

Pause

MRS W: C'est à dire ...?

SAGE-FEMME: Un oeuf ...de Yoni

MRS W: Ah oui d'accord. ... Un oeuf?

On aime pas poser de questions hein?
Montrer son ignorance.
Joan saura de quoi elle cause.
Pause

Et si elle sait pas, elle saura où
chercher..

*Retour aux 'Whyte Cliffs' Siobhàn prend sa
chaise et retourne sur le côté de la
scène.*

JOAN: *Tapotant sur son portable.*
Yoni... Yoni... Voilà ce que ça dit. Yoni
c'est le terme indien - Bla bla...
Aucune idée si c'est un mot Hindi, Urdu,
Sanskrit ou quoi

MRS W: *Se ventilant* Et c'est?

JOAN: Un œuf.

MRS W: J'ai plus d'œufs. Et je remettrais
pas ça, même si j'en avais.

JOAN: Ces indiennes, elles en connaissent un rayon. Yoni c'est ...
Elle rigole.
"Le Yoni est une pierre semi-précieuse. Polie en forme d'œuf.»
Et on met ça/

MRS W: /Sur une table basse. Ma mère en avait une sur sa table basse/

JOAN: /et on/

MRS W: /lui chante une chanson?
Me dis pas ... Dis pas ...
On lui allume un bâton d'encens?

JOAN: Non, on se l'enfonce ...

MRS W: Dis pas. Dis pas ... dans l'oreille?/

JOAN: /Non, dans ton ...
Pause

MRS W: Dans ton quoi?

JOAN: Bah tu sais

MRS W: Quoi?

JOAN: Ben ta chatte! Tu te l'enfonce dans la chatte.

MRS W: En ben! Ma mère était une

cachotière, elle s'amusait bien mine de rien!

JOAN: Y'a marqué ... "Commencez par un œuf petit ou moyen.
Choisissez votre pierre semi-précieuse avec soin, en fonction du chakra que vous souhaitez ouvrir"

MRS W: Juste ma chatte.

JOAN: "Si vous ne savez pas quelle pierre choisir, prenez le quartz rose - ça marche pour la plupart des pathologies."

MRS W: C'est ce que j'ai fait. Cinquante euros du coup.
C'est pas donné.
Si Fred pose la question, je lui dirai que c'est une déco de ma mère, pour la table basse.
Pause

Bon, j'ai essayé dans tous les sens et ça rentre pas.
Joan me dit d'essayer dans le bain.
Ca tire. Ca gratte. Pis ça passe l'endroit où ça se resserre.
En bas. Voyez ce que je veux dire?

Ensuite ... *Elle claque son éventail espagnol.*
Ca y est, c'est remonté dans ma foufoune.

Un bon bain. Rien de mieux qu'un bon bain
mousseux. Des bulles partout.
Je sais plus quand je suis sortie pour la
dernière fois. Je me prépare pour la
petite soirée du Maire au château. 'Je me
pomponne', comme disait ma mère.

Mais quand je sors du bain, y'a aucun
signe du Yoni
Je m'accroupis. Plusieurs fois.
Nada... Et pis l'heure tourne
J'imagine que c'est pas bien grave.
Le Yoni est bien installé. Ca peut rester
là-haut pendant des jours à ce qu'il
paraît ... à me détendre les chakraaas

J'enfile ma jolie petite robe.
Et le string que Joan m'a donné.
En route. Allez.
Avec Joan on monte la côte du château.
Mais en talons-aiguilles, c'est pas
terrible.

ACTE II
SCENE I: DIRECTION CHÂTEAU

Par une chaude soirée, sur la côte
anglaise, en haut des falaises blanches,
devant le château.

MRS W: C'est magnifique ici.
Ces falaises, elles sont éblouissantes.
Hein Rocky? Etincelantes.
Et puis il y a une petite bordure. Tout en
haut sur la craie blanche. Une petite
bordure, d'herbe verte et jaune. Comme un
coulis sur un gâteau. Magnifique.
C'est ça l'Angleterre.

Le Maire nous dit que le château a été
construit par Guillaume. Un français
apparemment!
Ça m'étonnerait.

Ensuite il nous fait visiter les couloirs
cachés à l'intérieur, des kilomètres et
des kilomètres creusés dans le calcaire.
J'ai un de ces mal aux pieds.
Il y a toutes ces "meurtrières" percées
dans la craie, pour espionner les
étrangers.
Jusqu'à Calais. Tous ces étrangers.

Pause

Ils pourraient les arrêter. S'ils le
voulaient. Les Français. Putains de
Français. Tous ces bateaux et ces camions.
Ils pourraient les arrêter, s'ils
voulaient.

*Siobhàn lève les bras en signe de
désespoir.*

ACTE II
SCENE II: LE MAIRE

*A l'intérieur de la grande salle baroniale,
les murs sont drapés d'une réplique de la
tapisserie de Bayeux : le Roi Harold avec
une flèche dans l'œil et Guillaume à la
conquête des anglais.*

*Contre le mur du fond, une longue table est
dressée et couverte de napperons blancs.
Siobhàn est debout sur le côté, sa
casquette sur les yeux.*

MRS W: J'ai un de ces mal de pieds.
Nulle part où s'asseoir et le Maire qui dit:
"Content de nous retrouver, tous réunis
aujourd'hui.
Des membres estimés de notre
communauté..."
Bla bla bla ...

On dirait qu'il en a pour un moment.
J'arrive pas à voir ce qu'il y a sous les
napperons. J'espère que c'est consistant.
Pas que des chips fantaisie.

LE MAIRE: Je comprends tout à fait que la
situation vous pèse. La chute brutale du
chiffre d'affaires...

(JOAN) CHŒUR: C'est pas la faute au
Brexit!

LE MAIRE: Bien sûr Madame. Ce n'est pas la
faute au Brexit.

(*Siobhàn se tape la tête de désespoir*)

CHŒUR: On a réussi le Brexit.

LE MAIRE: En effet. "On a réussi le
Brexit".

CHŒUR: Tout est réglé. C'est du prêt à
cuire.

LE MAIRE: Toutefois. Il reste quelques
petits problèmes.
Les files d'attente sur les autoroutes.

Les migrants dans les rues ...

CHŒUR: Rendez-nous notre pays!

LE MAIRE: *Il crie.*

Je vais vous donner les points clés.
Ma stratégie en deux volets:
Primo: ne pas laisser les migrants dans la
rue. Pour leur propre sécurité...

CHŒUR: Et NOTRE sécurité alors?

LE MAIRE: Votre sécurité, bien entendu ...

CHŒUR: C'est une putain d'invasion/

LE MAIRE: /Mettez-les dans un centre de
rétention.

CHŒUR: Des gardes aux portes?

LE MAIRE: Géré par les services
d'immigration./

CHŒUR: Qui paye? Moi? Les putains de
contribuables?

LE MAIRE: Effectivement, les contribuables
vont ...
Il faut contribuer...
au bien commun.
Rapidement. Et deuxio, et ce point est
particulièrement important, il nous faut
persuader tous ces migrants qui débarquent
chez nous que ce n'est pas une bonne idée.
... Il faut trouver le bon discours ....
IL FAUT BIEN LEUR FAIRE COMPRENDRE !
Il faut dire, dire aux réfugiés - les
Syriens, Afghans, Soudanais, qui fuient la

guerre et la famine - il faut leur dire
que c'est risqué. Il faut le leur dire. /

CHŒUR: /Dites-leur plutôt qu'on veut pas
d'eux!
Fin de l'histoire ...
Allez droit au but, Monsieur le Maire /
Ouvrez le champagne!/
/Ils pensent que nos rues sont pavées
d'or!/
/De crottes de chiens, oui!

LE MAIRE: IL FAUT QU'ON MAITRISE LE RECIT!

CHŒUR: /Putains de français
/Ils pourraient les arrêter s'ils
voulaient/

Siobhàn rit, d'un air incrédule

LE MAIRE: /Ils sont attaqués en pleine rue.
Et puis moi, j'ai les médias sur le dos/

CHŒUR: /Envoyez-les dans le Nord/

LE MAIRE: /le capitalisme bienveillant!

SIOBHÀN: Mon cul!

LE MAIRE: MERCI!
*Le Maire agite les bras. Bruit de bouchons
qui sautent. Du vacarme dans le hall.*

JOAN: *Se précipitant* Allez! Aux canapés!

Siobhàn examine la tapisserie de Bayeux.
Mrs W enlève ses chaussures et se frotte
les pieds. Le Maire apparaît à ses côtés,
portant deux verres de champagne.

LE MAIRE: Mrs Whyte. Quel plaisir. Comment
allez-vous?

'The Whyte Cliffs'. C'est un établissement
emblématique de nos côtes.
Mon père connaissait bien votre mère.

MRS W: Elle cachait bien son jeu, ma mère.
C'est pas une bonne idée d'ouvrir un
centre pour ces migrants. Les gens du coin
n'accepteront jamais ça. Pas ici. C'est
assez pénible comme ça. On a encaissé
beaucoup.
Le Maire tend un verre à Mrs W. Elle se
penche pour le prendre.

MRS W: Et c'est là que je le sens. Ce
truc.
Mouillé. Glissant.
Entre mes jambes.

Bruit de chute d'un objet qui éclabousse
les dalles. Le Yoni de Mrs W roule en
direction des chaussures bien astiquées du
Maire

LE MAIRE: Qu'est-ce que c'est?

MRS W: Oh purée! j'aurais pas eu ce

problème si j'avais mis ma culotte gainante
Damart /

Le Maire tire son mouchoir de la poche de
son veston et se penche pour essuyer ses
chaussures.

MRS W: / avec un gousset bien solide.

Le Maire voit le Yoni et le ramasse
délicatement dans son mouchoir.

LE MAIRE: Eh bien! Dites donc?
Qu'est-ce que cela peut bien être?
Il l'examine à la lumière
Dites-moi?
Une météorite?
Un O.V.N.I.?
Dites, c'est un OVNI? Mrs Whyte?

D'où ça vient?
Il le soupèse
C'est tiède et humide.

MRS W: *Essayant de reprendre le yoni.*
Vous permettez? Non ... mais

Le Maire se détourne, porte le Yoni à son
nez, respire le délicat parfum de musc

LE MAIRE: MMMMMM!!
Alors? Qu'est-ce que c'est?
On dirait que vous venez de pondre un œuf,
Mrs Whyte.

Il lance le Yoni en l'air. Mrs W essaye de
l'attraper mais le maire pare le coup avec
aisance, enveloppe l'objet dans son
mouchoir et le met dans sa poche.

On dirait que vous venez de pondre un
oeuf, Mrs Whyte. Et celui-là, il est pour
moi! *Il tapote sa poche.*
Je vais le garder. Bien à l'abri.

Il passe un bras protecteur autour de la
taille de Mrs W et la tire contre lui.
Mortifiée, Mrs W fixe les chaussures du
Maire.

ACTE II
SCENE III: BOTH SIDES NOW

Le lendemain. Devant la superette. Siobhàn
est assise sur une caisse en bois. Sa
casquette à ses pieds. Elle chante 'Both
Sides Now' (Joni Mitchell).

SIOBHÀN: *Moons and Junes and ferris wheels*
The dizzy dancing way you feel
When every fairy tale comes real
I've looked at love that way

Mrs W immobile écoute la musique, le dos
tourné à Siobhan.

SIOBHÀN: *Chante* **But now it's just another show**
You leave 'em laughing when you go
And if you care don't let them know
Don't give yourself away.
Elle s'arrête
Soyez bénie ma mère,

MRS W: *Aux spectateurs*
Maintenant j'entends son accent. C'est une irlandaise.
Elle se retourne
T'as du culot!

SIOBHÀN: Peut-être que d'autres gens en ont plus besoin que vous?

MRS W: Les manouches? Ce sont les manouches qui les ont prises? Mes affaires?

SIOBHÀN: La propriété c'est du vol.

MRS W: T'as piqué tous mes petit-dejs?

SIOBHÀN: Stop aux énergies fossiles, ma mère. Non à la violence.

MRS W: T'es irlandaise?

SIOBHÀN: Bien sûr. Je le suis.

MRS W: Pourquoi t'es partie de chez toi, alors?

SIOBHÀN: Comme les anglais. Les irlandais ont émigré. Ils ont immigré.

MRS W: Pas moi. Je suis ici chez moi.

SIOBHÀN: L'anglaise complète? Comme ton p'tit déj?
Pure souche. C'est ça?
Putain d'impérialisme.

MRS W: Personne t'a demandé de venir chez nous.

SIOBHÀN: J'ai une histoire à régler.
Ensuite je me casse.
Sur le continent.

MRS W: Pires que tout, les continentaux.

SIOBHÀN: Vous y êtes déjà allée alors?

MRS W: Mon mari ... oui enfin, pas vraiment mon mari. Il me l'a dit. Fred.

SIOBHÀN: Front National? Le raciste?

MRS W: Qui est-ce que tu traites de raciste, espèce de métèque d'irlandaise?
Raciste toi-même.

SIOBHÀN: C'est impossible d'être irlandais et raciste.
On est partis dans tous les pays du monde à cause des anglais.

Putains d'impérialistes.
Stop aux énergies fossiles, ma mère!
Stop à la violence!

Mrs W sort, en donnant un coup de pied
dans la casquette.

ACT II
SCENE IV: SAUCISSES

Le lendemain, dans la cuisine du 'Whyte
Cliffs'. Fred fait frire des saucisses de
porc. Mrs W, debout à la porte, le
surveille. Siobhàn se tient derrière elle.

FRED: Alexa! Joue ze King. Joue moi
Elvis.
A HUH! AHUH! *Mouvements de bassin*
'Stuck on you'

Avec son intelligence artificielle, Alexa
commence à jouer la chanson.

Voilà ce que je kiffe. Une femme qui fait
ce qu'on lui dit.
Tournant sur lui-même, agitant sa
fourchette. Il chante :
Gonna run my fingers down your long black
hair, Cléo.
Gonna squeeze you tighter than a grizzly
bear
Oh yes indeed, ah ha

mouvements de bassin
Hide in the kitchen, Cléo
Hide in the hall, Cleo
Aint goin' to do ya no good at all
Cos once I catchya and the kissin' starts
A team o' wild horses wouldn't tear us
apart."

MRS W: *Aux spectateurs*
Les gars du chantier disent qu'y a pas
photo. "Faites-vous faire un tatouage, Mrs
W. Avec son nom. Partout. Les hommes
adorent. Comme ça ils savent que vous êtes
à eux - pas question de vous faire un
autre mec parce que y'a FRED écrit sur
votre cœur. Sur votre sexe."

Fred a plein de tatouages. Depuis des
années. Une croix gammée sur son derrière.
On la voit quand il se penche sur le
capot. Comme les nazis...

FRED: *Crie en piquant les saucisses avec
une fourchette*
Montre pas ton ignorance ma nénette. C'est
un symbole sacré, ça. Indien. Kipling
l'avait mis sur la couverture du *Livre de
la Jungle.*

MRS W: *Aux spectateurs.*
Cléo en a qui rampent sur son dos. Sur ses
nichons. Des tatouages.
Paraît que ça fait aussi mal qu'un
accouchement.

Ca me fait déjà assez mal quand Fred
rentre du pub de mauvaise humeur.
Pause
Même ça c'est terminé.
Il me regarde même plus.

A Fred.
Pourquoi on peut pas revenir en arrière?
Comme on était autrefois?

FRED: Arrête de pleurnicher. Femme.

MRS W: Qu'est-ce qu'elle a de plus que
moi?

FRED: Allez, et c'est reparti. Et patati
et patata.

Un beau cul, voilà ce qu'elle a. Un homme
pourrait y garer son vélo.

MRS W: Tu rentres ce soir alors? Fred?

FRED: Je sors avec les potes.

Alexa! Joue Chris Farlowe, '*Out of time*!'

*Fred chante avec Alexa, donnant des coups
de fourchette dans le vide*

You're obsolete my baby
My poor old fashioned baby
I said baby, baby, baby
You're out of time.

ACTE II
SCENE V: EN FEU

De bonne heure le lendemain, chambre de Mrs
W. Elle dort. Fred entre à toute allure,
suivi de Siobhàn. Il se penche sur Mrs W,
lui secoue le bras pour la réveiller.

MRS W: *Croyant que Fred va la frapper,*
elle se protège la figure.
Hein? Quoi?

FRED: Toute la nuit. OK?
Si on te pose la question. J'étais là.
Toute la nuit. Avec toi.
Il lui donne une gifle. Siobhàn pense
intervenir. Puis elle se ravise.
C'est clair?

MRS W: *Elle regarde les marques sur son*
bras

FRED: C'est clair?

MRS W: *Elle hoche la tête*

FRED: C'est clair?

MRS W: *Elle hoche la tête*

FRED: Bon. Bien. C'est bien alors.
Il faut te lever.
Les gars vont vouloir leur p'tit déj.

Siobhàn regarde Mrs W enfiler des mules
roses à moumoute

MRS W: *Se tourne vers les spectateurs*
Ils n'ont pas mis longtemps à arriver, les
flics. Comme d'hab. Quand il y a quelque
chose ...

FRED: Comme cet Afghan. «Mineur non
accompagné.» Mineur non accompagné, mon
cul oui. Il avait largement 18 ans. Matait
les filles. Nos filles.
Il l'a cherché. Il avait besoin qu'on lui
mette le poing sur les i.

Fred sort. Joan entre.

JOAN: J'ai entendu l'explosion. Vers 2h du
mat.
J'ai vu les flammes. Des nuages de fumée.
Les gens qui couraient.
Le Centre de détention des migrants. En
flammes.

Fred revient, accompagné par un policier/
Joan, portant un casque de policier.

(JOAN)POLICIER: Alors vous pouvez me dire
où vous étiez hier soir? Monsieur?
Allez. Surprenez-moi.

FRED: *Joan enlève son casque*
Bien au chaud emmitouflé dans mes draps. Au
lit.

Sautillant, de façon suggestive. Madame confirmera.

POLICIER: *fixe Mrs W qui a les yeux baissés. Elle opine du bonnet.*
Siobhàn croise les bras avec un air dégoûté.
Bien pratique, ça.

FRED: C'est bien ça. Demande-lui.

MRS W: *regarde par terre et fait oui de la tête. Le policier sort.*
Mrs W s'assoit sur le lit à côté de Fred et pose une main sur son genou.
Tu rentres à la maison ce soir Fred?

FRED: Ya un karaoke au pub

MRS W: Tu me dois au moins ça. Fred.

FRED: Tu n'as qu'à venir au pub ma nénette. Tu sors pas assez.

ACTE II
SCENE VI: LEÇON DE CHANT

Un peu plus tard. Dans le jardin du 'Whyte Cliffs'. Mrs W et Joan son assises dehors sur le porche.

JOAN: Si tu peux pas les battre à leur

152

petit jeux, tu dois les rejoindre... Hein?
Clary?

MRS W: Quoi?

JOAN: Ton Mohammed.
S'il ne vient pas à ta montagne ...

MRS W: Fred?

JOAN: Tu n'arriveras jamais à lui faire
lâcher son karaoké. Ni ses potes. Et en
plus, il y a un chercheur de talents pour
Ze *Voice* qui tourne autour du pub.

MRS W: Quoi?

JOAN: Et cette Cléo. Tu ne l'éloigneras
jamais d'elle, si tu fais pas d'efforts.

MRS W: Fred dit que je sais pas chanter.

JOAN: Viens à ma chorale

MRS W: Il dit que je chante faux.

JOAN: Y'a que des filles.

MRS W: Il dit que je n'ai pas le sens du
rythme

JOAN: Y'a pas un mec

MRS W: Elles se ficheront de moi.

JOAN: Non, personne se moque

MRS W: *Pause*
C'est un romantique mon Fred. Au fond.
Autrefois il était jaloux. Ca montre qu'il
tient à moi.

Il m'a dit qu'il prendrait soin de moi.
Toujours.

JOAN: Alors prend des cours.

MRS W: On est des âmes sœurs.

JOAN: De nos jours, il y a des cours pour
tout.

MRS W: Tu crois?

JOAN: Tu pourrais demander à cette fille.

MRS W: Quelle fille?

JOAN: l'Irlandaise.

MRS W: Celle qui m'a piqué mes affaires?

JOAN: Jolie voix

MRS W: J'aurais jamais fini d'en entendre
parler.
A la superette.

JOAN: Eh bien dis-lui de venir ici.

MRS W: Elle piquera l'argenterie

JOAN: T'en as plus. T'as tout vendu. Tu te rappelles pas?
Le Brexit? Plus un sou?
Une chanson. Ca vaut le coup d'essayer

MRS W: Fred dit que je sais pas chanter

JOAN: Cette Cléo non plus. Elle secoue juste ses maracas.

MRS W: Et tout le reste ...

Un moment passe.
Joan recule dans l'ombre alors que Siobhàn déboule sur la véranda, fusille Mrs W du regard et lui tend la main:

SIOBHÀN: Montrez-moi ça!
Mrs W lui tend un bout de papier. Siobhàn le regarde et le lui rend

Chantez!

MRS W: Je peux pas. Pas là.
Comme ça.

SIOBHÀN: Tout le monde sait chanter

MRS W: Tu m'as pas entendue

SIOBHÀN: Alors. Parlez-la. Lisez-la.
On mettra la musique après.

155

MRS W: *Chuchote.* "Ne me quitte pas comme ça".

SIOBHÀN: Plus fort!

MRS W: *chuchote*: "Tu comprends pas. Je suis à tes ordres."

SIOBHÀN
Tenez-vous droite, bon sang!

MRS W: "Sans ton amour. Je peux pas survivre"/

SIOBHÀN: /Oh bonne mère! Marie et Joseph. Assez!
Elle prend le papier, le déchire, jette les confetti en l'air, puis tire sur les épaules de Mrs W.
En arrière les épaules!
Poitrine en avant!
Regardez ce salopard droit dans les yeux et ... criez. HA!!

MRS W: Ha?

SIOBHÀN: Pleins poumons! Lachez vous! MRS WHYTE!
Elle hésite. Clary?
C'est ça? Ton nom? Clary?

Lache toi! Laisse le partir ... Débarrasse toi de lui!
HA!!

MRS W: HA?

SIOBHÀN: TU ES EN COLERE CLARY!
EN COLERE!
CLARY!
HA!

MRS W: HA!

SIOBHÀN: *Tapant sur le ventre de Mrs Whyte*
Inspire.
Inspire, Clary. Profondément
Gonfle le ventre. Bien rond.
Comme un bouddha.

Remplis-toi d'air. Clary. Respire.
Depuis ton bas-ventre

MRS W: ???

SIOBHÀN: Ton ventre.
ET POUSSE!

MRS W: ???

SIOBHÀN: D'ici
En appuyant sur le ventre de Clary
POUSSE!
TU ACCOUCHE. CLARY.
POUSSE! HA!
HA AAAAAAAAAA!

MRS W: HAAAAAAAAAAAAAA!!

SIOBHÀN: Bah voilà. C'est mieux
Faut que ça sorte!
Elle chante fort sur l'air de 'Frozen'.
LET HIM GO!! LET HIM GO! LET HIM GOOOOO!
Elle s'arrête
Et maintenant. Voilà ce qu'il faut faire,
il faut ouvrir tes faux-plis.

MRS W: J'ai déjà essayé.

SIOBHÀN: Ah bon?

MRS W: Avec Yoni

SIOBHÀN: Tes cordes vocales. Elles
s'atrophient.
Elles se ferment. Se ferment sur elles-
mêmes.

MRS W: Comme ma foufoune

SIOBHÀN: ??

MRS W: J'en ai eu pour 50 euros.

SIOBHÀN: *Pause*
Bon enfin ... Peu importe ...
Elle chante **Get Up! Stand Up!**
Levez-vous! Debout!/

MRS W: /Remarque Yoni est moins cher que
le botox

SIOBHÀN: Botox?

MRS W: Ou un lifting.
Quand ils tirent trop sur la peau tu te
retrouves avec des yeux bridés. Comme un
Chintok.
Joan m'avait pas dit ça.

SIOBHÀN: Pas étonnant si tu n'arrives pas à
chanter.
Tes muscles sont gelés.

MRS W: *S'assoit*
Je sais pas quoi faire.

SIOBHÀN: Bon. Eh bien ... Les spécialistes
disent ... qu'en fait, il faut... laisser
ta mémoire musculaire externe ... se
raccrocher ... à ton centre de justesse
interne ... *elle s'arrête, peu convaincue
par son propre discours.*
Pause
Siobhàn s'assoit à côté de Mrs W.

MRS W: Les gars du chantier disent...

SIOBHÀN: *Elle hésite, puis met son bras
autour de Mrs W.*
Mon cul les gars de chantier. Il faut
ouvrir ton troisième œil.

MRS W: Troisième œil?

SIOBHÀN: Oui. Clary.
Au milieu de ton front.

159

MRS W: Mais je viens tout juste d'en finir avec le botox

SIOBHÀN: Bon. D'accord. Il va falloir réfléchir.
Va falloir trouver la bonne chanson pour toi.
Il y a une bonne chanson pour chaque personne au monde.
Faut trouver la bonne chanson pour toi.

Mais ...faut travailler
Faudra pas mal de leçons.
Il faudra me payer.
Assez cher. Des cours réguliers.
Rome ne s'est pas construite en un jour.

Elle marche vers le télescope et regarde dedans

Formidable vue d'ici! Non?
Un vrai privilège d'habiter ici. En haut des rochers.
Cette vue.
Pause
T'as dû tout voir? En bas?
Quand le centre de détention est parti en fumée?

MRS W: Non.

SIOBHÀN: Les flammes?

MRS W: J'étais au lit

SIOBHÀN: L'explosion?
Elle a pêté les fenêtres...

MRS W: J'avais mes boules Quiès

SIOBHÀN: La fumée? Les flammes?
Les gosses qui essayaient de sortir?
Le sang? Les échardes? Tranchant? La peau
des enfants?

MRS W: J'ai besoin de mon sommeil. C'est
du travail, gérer ces chambres d'hôtes.

SIOBHÀN: *Sarcastique.* SO English!

MRS WHYTE: J'arrive plus à trouver du
personnel...

SIOBHÀN: "A cause du Brexit" Hein?.

MRS W: Je suis fatiguée

SIOBHÀN: Ils les ont emmenés. Les
réfugiés.
Après tout ce qu'ils ont subi.
Les ont sortis du centre.
Les ont amenés dans la vieille caserne.
Il y a des rats. C'est sordide.
La typhoïde.

MRS W: Et voilà! Où on en arrive.

SIOBHÀN: Où ça? On en arrive? Où ça?

MRS W: On n'aurait jamais dû les laisser entrer.
On fait que les encourager. Un appel d'air, qu'il dit Fred
Quarante-cinq mille.
Ils nous prennent pour des pigeons.

Pause

SIOBHÀN: Bon. Enfin.
Réfléchis bien Clary.
On remettra ça demain.

Pause
Tu me dois trente euros pour aujourd'hui.
Elle tend la main.

ACTE II
SCENE VII: R.E.S.P.E.C.T.

Quatre jours plus tard, il fait nuit, dans la chambre de bonne de Cléo aux 'Whyte Cliffs'. La vague de chaleur a fini par retomber. Une grosse averse tambourine sur le toit.

MRS W: Je vais au pub et j'essaye de chanter.
Mais il fait si chaud ... Ma tête me brûle. Je suis toute rouge.
J'essaye de chanter pour lui. Chanter pour Fred. Siobhàn dit que si tu n'arrives pas

à chanter, il faut que tu cries.
Elle en connaît un rayon Siobhàn.
Mais ça vient pas.
Mes faux-plis se referment et mon
troisième œil se bouche. Ca ne vient pas.

Et je vois. Je vois Fred et Cleo qui
rigolent. Et tous ses potes.
"Viens-là ma chérie" dit l'un des gars du
chantier. "Je vais te les ouvrir, moi, tes
faux-plis."
Et Fred, il ricane. Il fait que ricaner.
Et cette Cléo...
Alors je rentre, chez moi. Je monte dans
la chambre de bonne... Et c'est là que je
l'entends.
C'est là, que je comprends.
Hein Rocky? Tu comprends. Toi
L'ampoule s'allume!
Ecoute.
*Le son d'une grosse pluie qui tambourine
sur la lucarne du grenier.*
*Mrs W chante fort et avec assurance: 'Have
you ever seen the rain?'(Credence
Clearwater Revival)*

Someone told me long ago
There's a calm before the storm, I know
It's been coming for some time. When it's
over, so they say,
It'll rain a sunny day, I know
Shining down like water.
I wanna know,
Have you ever seen the rain?

I wanna know,
Have you ever seen the rain?
Coming down on a sunny day?

YEAH!!!!! YEAH!!!!!

Et j'ouvre la fenêtre. Je passe ma tête
dehors et je la sens. Je sens la pluie qui
coule sur ma peau.
Et je jette toutes les affaires de Cléo par
la fenêtre. Sous la pluie.
C'est ma maison, après tout.

ACTE III
SCENE I: RECONNAISSANCE? À MARGATE

Siobhàn est assise, abattue, sur le porche du Whyte Cliffs. Joan est en retrait. Mrs W attend sa leçon de chant.

SIOBHÀN: Ils étaient tous après moi.

MRS W: Qui donc? Ils?

SIOBHÀN: Ils m'ont piqué ma bouteille de gazpacho.

MRS W: C'est quoi ça?

SIOBHÀN: Une soupe espagnole

MRS W: C'est pas de chez nous?

SIOBHAN: La tomate froide

MRS W: C'est bon pour la voix? Ca?

SIOBHÀN: J'ai pas envie de gaspiller de la nourriture sur vos peintures nulles. Je leur ai dit. Quand on a connu la faim, on gaspille pas la nourriture.

Ils m'ont pas crue

MRS W: Qui ça, 'ils'?

SIOBHÀN: La *Turner Gallery*. A Margate.
Magnifique. Une nouvelle galerie d'art.
Tous les bourges de Londres y rappliquent.
Ils m'ont fichue dehors.

MRS W: Tu chantais?/

SIOBHÀN: /Ils ont fouillé mon sac.

MRS W: /Y a des gens qui n'aiment pas.

SIOBHÀN: Doux Jésus. Ils cherchaient de la
colle./

MRS W: /Ils pensent que c'est faire la
manche

SIOBHÀN: Ils pensent que je vais me coller
à leurs putain de toiles

MRS W: Toiles?
Pause

SIOBHÀN: Ha! ...mais pour être tout à fait
honnête, une fois j'avais mis de la
superglue sur le siège des WC chez les
sœurs. Au couvent

MRS W: Arrête un peu!!

SIOBHÀN: Faut protester. Clary.
Les faire réagir. Maintenant que ton Fred
et sa bande de frères pourris ont brûlé la
mission.

MRS W: On peut pas le prouver

SIOBHÀN: Grâce à toi.
Ils ont mis tous les réfugiés en caserne.

MRS W: Ils seront mieux là-bas, non? En
sécurité. Peut-être? .... Non?

SIOBHÀN: Comme des rats dans un égout.
Pour l'amour de Dieu Clary, ce sont des
êtres humains.
Quand on pense à tout ce qu'ils ont
traversé, ces gens. On peut pas rester
là, les bras ballants, laisser les
anglais faire ... tout ce qu'ils veulent.
Pause

MRS W: On peut, peut-être commencer?

SIOBHÀN: Action directe!/

MRS W: /Ma leçon?

SIOBHÀN: /Pouvoir!

MRS W: /Ca me fait du bien. Tu sais, j'ai
bien chanté, l'autre soir ...

SIOBHÀN: /Pride

MRS W: /C'est ça!/

SIOBHÀN: /Une femme debout/

MRS W: Oui!

SIOBHÀN: Margate!

MRS W: Margate?

SIOBHÀN: Je suis allée à Margate

MRS W: Qu'est-ce que tu fabriquais à
Margate?

SIOBHÀN: Turner

MRS W: Qui?

SIOBHÀN: Bon. Turner. C'est pas la
Joconde. C'est sûr.
Pas la même classe. Mais, c'est un symbole
de l'oppression de l'*establishment* anglais
tout à fait valable.

ACTE III
SCENE II

*Une semaine plus tard, devant le 'Whyte
Cliffs'. La camionnette blanche de Fred est
garée dans l'entrée. Siobhàn est assise avec
Mrs W qui porte des leggings et un vieux T
shirt. Son oeil au beurre noir a disparu et*

ses sourcils noirs se sont estompés. Joan est
assise dans l'ombre.

Siobhan chante doucement:'When you were
sweet sixteen'. Joan écoute

MRS W: *Aux spectateurs*
Elle est là depuis une semaine maintenant.
Siobhàn.
Je lui ai dit. Il y a une chambre
inoccupée au grenier, si elle fait un peu
de ménage. Un peu de cuisine.
Et la nuit, oh, la nuit, elle écrit ses
poèmes et elle chante. Comme un ange,
ça fait du bien. On se sent bien. En
sécurité.

SIOBHÀN: *s'arrête de chanter*
Une nation devrait préserver ses chansons,
Clary. Protéger ses poèmes. Pas ses
frontières.
Nous les IRLANDAIS, tu m'entends Clary?
LES IRLANDAIS ... Nous sommes venus pour
vous civiliser, vous apporter la PAROLE, à
vous, les Anglais, les incultes, les
païens.
C'est ça qu'il te faut, Clary.
C'est ta richesse, Clary.
Tes mots. Tes chansons.
Chante Clary

Un pêu médusée, Mrs W commence à
chantonner 'When You were Sweet Sixteen'
Siobhàn montre du doigt le drapeau

anglais, qui pendouille, mollement.

Et ton Saint George, ton Saint George là-
haut Clary, en fait il était turc. Ramené
en Angleterre par les croisés.

MRS W: Vaut mieux pas le dire à Fred.

SIOBHÀN: Apprends ton histoire Clary.
Comme il dit Nelson ...

MRS W: Nelson? Lui en haut de sa colonne à
Trafalgar?

SIOBHÀN: Non; l'autre ... Mandela
"Tu es la capitaine de ton âme
Tu es le maître de ton destin"

Pause
Il est sorti? Fred?
Sa camionnette est garée dans l'allée?
Les clés sur la table? Il est sorti alors?

MRS W: Il a dû prendre la Harley. Ou un de
ses potes est venu le chercher.
Ils sont en ville, au garage. Ils
repeignent une Austin.
Piquée, sûrement. Je pose pas de
questions.
Hier il a fait un sacré bazar. Yen avait
partout sur son bleu de travail. De la
peinture rouge.

Lendemain matin la lumière se lève sur
Siobhàn qui est dans le jardin. Mrs W parle
à Rocky. Joan joue avec le téléscope.

SIOBHÀN: *Aux spectateurs*
Tout le temps que j'ai perdu, à ma
demander lequel choisir.
Quel chef-d'œuvre choisir?
Qu'est-ce qui ferait la plus sensation?
Véritable symbole de l'impérialisme
britannique?
Elle rit jaune

A la fin j'ai pris celui qui était le plus
près de la porte.
Je vois pas ce que c'est. Mais ça doit
être un chef-d'oeuvre. Un cheeeeef-
d'oeuuuuvre!
Entrée et ressortie en deux minutes
J'ai jeté la peinture rouge partout sur un
Turner. Peu importe lequel ...

Mon copain du squat. Il attend dehors,
dans la camionnette de Fred.
Cagoule noire. On voit pas son visage.
Il fait tourner le moteur. A coup sûr que
la caméra va repérer la camionnette de
Fred.
Ensuite on part, tout doucement dans les
rues de Margate.
Mon copain me dépose aux Cliffs.
Puis il gare la camionnette de Fred devant
son garage.
Et il revient au squat tout seul, à pied.

Perfetto.
Et Mrs W est là, devant sa télé.

MRS W: *A Joan*
C'est une fille bien, Siobhàn. Cultivée.
Pas comme Fred.
Il est vraiment lourdingue, le Fred.
La nuit elle est au grenier. Elle écrit
ses poèmes. Elle chante ses chansons.

*Satisfaite, Mrs W rentre à l'intérieur et
remplace la photo de la jeune princesse
Elizabeth sur le buffet de sa mère, avec
une photo du vieux Nelson Mandela tout
sourire. Siobhàn la suit.*

*Le lendemain matin. Whyte Cliffs, Fred et
Mrs W sont au salon. Mrs White lit The
Daily Mail, puis elle ferme son journal
bruyamment.*

MRS W: Qu'est-ce que c'est que ce nom là?
Joseph MALLORD Turner? Qui s'appelle
Mallord de nos jours?

FRED: *(Bâille.)* Aucune idée

MRS W: Ben quelqu'un a jeté de la peinture
rouge sur un de ses tableaux hier soir.
Pause
Paraît que c'est beau. Cette *Turner
Gallery*. A Margate.
Sympa le café ... à ce qu'il paraît.

172

Joan met une casquette de policier et
regarde fixement Mrs Whyte.

(JOAN)POLICIER: Alors. Il était où hier
soir? Ma bonne dame?
Allez, dites-moi ça.
Attendez ... laissez-moi deviner?
Mais avec vous, pardi! Il était avec vous!
Comme chaque fois qu'on vient le chercher.
Comme quand le centre de rétention a été
incendié? Hein?
Pause

MRS W: Vous n'avez qu'à lui demander.
Vous-même.

Aux spectateurs: Il en revenait pas.
Moi non plus

POLICIER: On a des preuves:
La fourgonnette.
Le pistolet à peinture
Le bleu de travail.
La peinture rouge

MRS W: Fred n'en revenait pas. Lui non
plus.
'Allez Clary, mon amour,' dit-il, 'J'étais
avec toi, hein? Ma chérie?'
'Et non,' je dit
'Allez Clary, mon amour. Dis-leur que
c'est pas moi.
Pourquoi je mettrais la peinture sur un
tableau de merde?'

POLICIER: Parce que t'en es capable. Voilà pourquoi.

Pour te marrer. Voilà pourquoi.

Pour emmerder le monde.

Comme d'hab, Alfred Tennant.

MRS W: Le voilà qui commence à paniquer, le Fred. 'Dis-leur que j'étais ici. Avec toi.' Qu'il me dit.

POLICIER: T'as incendié le centre de rétention.

MRS W: 'Vous avez aucune preuve', qu'il lui dit Fred.

POLICIER: La manif contre le FN. Ce jeune irlandais qui a perdu un oeil.
Siobhàn met ses mains sur ses yeux

MRS W: 'Vous pouvez pas me coller ça,' dit le Fred.
'Qu'est-ce que j'en ai à foutre de cette putain de peinture ? A Margate?'

POLICIER: La bobo-isation. Voilà pourquoi. Cet intérêt pour Margate. Tous ces gens, comme il faut, qui viennent voir. Ca te gêne, hein? C'est embêtant pour tes petits trafics. Hein?

MRS W: 'Rien à foutre d'une peinture à la con', dit Fred.
'Dis-lui Clary. Dis-lui.'

'Non'. Je dis.
Alors il devient méchant. Je le savais.
'Tu vas le regretter, espèce de salope,
qu'il dit.'

Mais tu sais quoi? J'en ai ras-le-bol.
J'en ai jusqu'ici.
'Comme tu veux Fred.
Parle toujours,' que je lui dis
Tu viens me tabasser Fred, et ils te
coffrent encore plus longtemps.'
Il en est comme deux ronds de flan. 'Mais
pourquoi j'en aurais après une peinture de
merde?'

POLICIER: Pour rire
Rien à fiche un samedi soir. Ca arrive
souvent à des racailles comme toi. Mais on
finit par les avoir.

MRS W: Ca fait du bien. Jouissif.
J'ai pas ressenti ça depuis longtemps.
C'est tellement agréable ... T'envoyer au
trou.
Fred.
Et il pleurniche et il me supplie avec son
'Clary mon amour s'il te plaît'.
'Cette fois je peux rien pour toi. Fred',
que je lui dit
'Je sais pas où t'étais hier soir.
Et ça je le jure sur la tête de ma mère.

Aux spectateurs
Il peut pas me frapper devant le flic, mais

je retiens mon souffle. S'il le lâche,
comme toutes les autres fois...
Pause
Mais là c'est différent.
C'est à la une des journaux
C'est aux infos nationales.
Ils vont fouiller tout son passé.
La vengeance est un plat qui se mange
froid.
Longue pause
Mrs W réfléchis, puis commence à paniquer.
Rire hystérique.

Cléo ira te voir en zonzon, Fred. *Elle
ricane*
Elle peut t'apporter des oranges. Elle
t'apportera des vêtements.
Ah mais non! J'oubliais, elle n'a pas un
rond.
Je l'ai fichue à la porte.
Va falloir qu'elle aille chercher ses
allocs hein? Payés par les contribuables
anglais! *Rire hystérique*

POLICIER: *A voix basse dans l'oreille de
Fred.*
On n'a pas réussi à te coincer pour le
centre de rétention, mais ça, ça va le
faire, hein?
Fred and le Policier sortent.

MRS W: *Seule*
Il va pas aimer. Il va pas aimer ça. Le
Fred. Va pas digérer ça.

Il reviendra. Pour me choper. Fred
Il règle toujours ses comptes.

ACTE III
SCENE III: LE SOUFFLÉ S'EFFONDRE

Une semaine plus tard. Mrs W, Joan et Siobhàn sont dans la cuisine.

SIOBHÀN: C'est pas de sa faute à Cléo

MRS W: Elle m'a piqué mon Fred

SIOBHÀN: Cette grande maison. Vide.

MRS W: Il y a les gars du chantier

SIOBHÀN: Grande maison. Plein de place

MRS W: Y'aurait pas eu de problèmes entre Fred et moi, si elle n'avait pas débarqué.

SIOBHÀN: Prends-la chez toi. Prends Cléo chez toi.

MRS W: Non.

JOAN: Elle peut t'aider pour le ménage. La cuisine.

MRS W: Non.

JOAN: En fait, tu devrais t'estimer heureuse.

MRS W: Comment ça?

JOAN: Elle t'a rendu service. Elle t'a débarrassée de lui.

MRS W: Non

SIOBHÀN: Elle a nulle part où aller

MRS W: N'a qu'à retourner en Transylvanie.

SIOBHÀN: Un peu de cœur, Clary

MRS W: Pas question.

SIOBHÀN: C'est pas sa faute.

MRS W: Bien sûr que si

SIOBHÀN: Elle a besoin d'un toit.
Se poser.
Se sentir en sécurité.

JOAN: Tu vois pas, Clary? Elle est enceinte?

MRS W: Quoi?

SIOBHÀN: Le patriarcat...

MRS W: Enceinte?

SIOBHÀN: Ces porcs de mecs. Le patriarcat

MRS W: Il est de qui ce bébé?

SIOBHÀN: Peu importe.. C'est pas sa faute.

MRS W: Enceinte de Fred? C'est le bébé de Fred?

JOAN: Comment veux-tu que je sache? Demande-lui.

MRS W: Je peux pas
Demande-lui, toi

JOAN: Non

SIOBHÀN: Ca ne change rien. C'est pas la faute du bébé.
Elle a juste besoin d'un toit. Un endroit sûr.

MRS W: Sûr?
Elle recule, stupéfaite. Tire une chaise.
S'assoit
A quoi je pense?
A rien.
Où est Fred?

JOAN: Dans les geôles de Sa Majesté. En taule.

MRS W: Il va envoyer ses potes. Incendier ma maison.

Je le connais

SIOBHÀN: On prendra un chien

MRS W: Qui ça, «on»?

SIOBHÀN: Toi et moi et Cléo. Et Joan.
Elle est juste à côté.

JOAN: Je lui explose les couilles s'il met
le feu à mon abri de jardin. Cet enfoiré.

MRS W: Je l'ai vu faire.
Il remplit une bouteille d'essence/

SIOBHÀN: /Mesure d'éloignement/

MRS W: /enfonce un chiffon dans le goulot/

JOAN: /Je parlerai aux flics/

MRS W: /Craque une allumette.

JOAN: /Je les ferai venir/

MRS W: /La balance /

JOAN: /C'est la routine /

MRS W: Fastoche. Je l'ai vu faire.

SIOBHÀN: Tiens tête Clary. Résiste.

MRS W: Je peux pas

JOAN: Tu viens de le faire. Tu as fait le plus dur.

MRS W: Je sais pas ce qui m'a pris.
Ils vont mettre le feu. Me lancer de l'acide. En pleine tronche.
Je l'ai vu prendre le Javel sous l'évier.
Comme pour ce jeune. Cet Irlandais

SIOBHÀN: *Se crispe. Son ton se durcit.*

Sois pas lâche. Clary Whyte. Carpette!
Résiste!
Elle chante (France Gall)
RESISTE! PROUVE BIEN QUE T'EXISTES!

MRS W: De l'acide dans la figure .
Et si je perds la vue?
C'est ce qui est arrivé à ce gars.
Je vais dire à la police que je me suis trompée. Que j'ai fait une erreur. Qu'il était avec moi.

SIOBHÀN: Alors ça. Pas question

MRS W: Tu l'as pas vu quand il flippe.

JOAN: Il est en prison.

MRS W: Pas ses potes

JOAN: Il va y rester un bon moment

MRS W: *En larmes*

JOAN: T'es pas toute seule

MRS W: J'ai quoi, moi?

SIOBHÀN: Cette grande maison. Et moi et Joan et Cléo ... et le bébé.
On prendra un chien.

MRS W: Ils n'ont même pas besoin de sortir de la voiture.
Juste à baisser la vitre. Fastoche.
Ils nous dégomment avec un Molotov.

SIOBHÀN: On creusera un fossé.

JOAN: On fermera le pont-levis.

SIOBHÀN: Des cameras infrarouges.

JOAN: Impénétrables. Voilà ce que nous sommes. Impénétrable Clary.
Sur les falaises blanches. On est en sécurité.
On est en sécurité ici.

Les lumières baissent. La lune se lève.
Mrs W sort toute seule dans le jardin

MRS W: Joan m'a dit que j'aurais dû le virer depuis longtemps.
Après tout c'est ma maison, hein Rocky?
Mon pote, Rocky mon beau rocher blanc.
Fred, c'est le seule homme qui m'a aimée.
Vraiment aimée. Le seul.

Il a dit qu'il me protègerait. Qu'il me
garderait en sécurité.
Ya beaucoup de racaille. Dans le monde
Pause
Et puis, il était toujours désolé. Après.

Coléreux. Il était coléreux comme mon
père.
Il s'excusait toujours. Après.
Pause
Toi et moi, on aime cet endroit. Hein
Rocky?
Whyte Cliffs.
J'y arrive pas toute seule.
Fred sait comment déboucher les chiottes.
Et la cuisine, quand la graisse bouche
l'évier.

Pause
Je vais leur dire qu'il était avec moi.

ACTE III
SCENE IV: LA PROPOSITION DU MAIRE

*Deux jours plus tard, Le Maire et Mrs W
sont dehors devant le Whyte Cliffs. Mrs W
pleure dans son tablier*

LE MAIRE: Désolée d'apprendre vos soucis,
Clary

MRS W: *Sanglots*

LE MAIRE: Ca va aller ...

MRS W: *Dans son tablier.*
Non ça va pas aller.

LE MAIRE: Il n'a jamais été qu'une
racaille.

MRS W: J'ai essayé de leur dire

LE MAIRE: Vous valez mieux que ça.

MRS W: *Elle lève les yeux*
J'ai essayé de leur dire.

LE MAIRE: Croyez-moi

MRS W: J'ai essayé de leur dire

LE MAIRE: Vous êtes mieux comme ça. Sans
lui.

MRS W: *Sanglotant* La maison se tire en
sucette
Ya de l'humidité dans le grenier.
Ya plus que les gars de chantier.
Leurs grosses bottes sur la table basse.
Aucun respect.

LE MAIRE: Vous seriez mieux sans eux
aussi.

MRS W: A quoi servent des chambres d'hôtes
sans hôtes?

LE MAIRE: Je sais. Je sais. Avec le Brexit.

MRS W: *Pleure.* Migrants dans la rue.

LE MAIRE: Le centre de rétention incendié.

MRS W: Ca fait peur aux touristes

LE MAIRE: Il a toujours été une racaille. Fred Tennant.

MRS W: Il reviendra.

LE MAIRE: Pas avant un bon moment

MRS W: J'ai essayé de leur dire. Aux flics. Ils ont pas voulu l'entendre ... Maintenant les paparazzi sont après lui.

LE MAIRE: Il faut qu'ils comprennent le fin fond de l'histoire.

MRS W: Ils ont dit que j'étais pas un témoin fiable.
M'ont dit de rentrer chez moi.
Pas fiable. Moi?

LE MAIRE: Vous ne pouvez pas réécrire l'histoire Clary. Quand les médias s'en prennent à vous.

MRS W: Il va m'envoyer ses potes

LE MAIRE: Il y a une chose.
Tous ces gens. Qui débarquent sur nos
plages. Sortent des camions. Ils n'ont
nulle part où aller.

MRS W: Ils auraient dû rester chez eux du
coup. N'est ce pas?

LE MAIRE: Nulle part où aller

MRS W: J'ai assez de soucis comme ça

LE MAIRE: Ils sont fatigués Clary.

MRS W: Quand est-ce qu'il a commencé à
m'appeler 'Clary'? Hein? Rocky?
Il se prend pour qui celui-là?

LE MAIRE: Ils sont fatigués Clary

MRS W: (*En colère*)
Moi aussi. Je suis fatiguée

LE MAIRE: Ils ont peur

MRS W: Et moi, j'ai pas peur, peut-être?

LE MAIRE: Après tout ce qu'ils ont vécu.
Réfugiés. Les abris de fortune.
Les camions.
Les canots pneumatiques

Pause
Alors je pensais..

186

MRS W: Non

LE MAIRE: La question c'est

MRS W: NON!

LE MAIRE: Ecoute-moi Clary...
Pause

Ils te payent combien ces gars?
Pour une nuit? Je veux dire ... Chambre et
petit-dej.
C'est combien?

MRS W: Fred leur fait un tarif spécial. Ce
sont ses potes.

LE MAIRE: Combien?

MRS W: Trente

LE MAIRE: Trente euros?

MRS W: P'tit-déj anglais, complet

LE MAIRE: *Pause*
Le gouvernement te donnerait quatre ou
cinq fois plus.

MRS W: Quoi?

LE MAIRE: Cent euros. Alors?

MRS W: ?

LE MAIRE: Par personne

MRS W: C'est vrai?

LE MAIRE: Par nuit. Peut-être plus.

MRS W: Qui paie ?

LE MAIRE: Les contribuables.

MRS W: C'est une honte!

LE MAIRE: Réfléchis. Clary.
Cent euros ... Plus ...

MRS W: J'ai pas de personnel

LE MAIRE: Ils vous aideront.

MRS W: Pourquoi ils m'aideraient?

LE MAIRE: Pour avoir quelque chose à faire.
Pour leur changer les idées ...Un peu de
jardinage?

MRS W: C'est vrai?

LE MAIRE: Un peu de peinture?

MRS W: Ah oui?

LE MAIRE: Déboucher les toilettes?

MRS W: Alors là! Je dis oui.

LE MAIRE: *Pause*
Le truc. La seule chose Clary...
C'est que tu ne choisis pas.
Il faudra prendre ceux qui arrivent.
Les Afghans, les Syriens, les Soudanais
...

MRS W: Cent-vingt alors?

LE MAIRE: Et les enfants. Les mineurs non
accompagnés

MRS W: Par nuit?

LE MAIRE: Il faudra les surveiller. Les
enfants. Il y a des mineurs qui
disparaissent.

MRS W: Ils se sauvent?

LE MAIRE: Non. Enlevés. Par des gangs.
Des trafiquants.
Pause
Par exemple cette fillette. Toute jeune.
Chétive.
Sa mère est morte sous les bombes en
Syrie.
Son père a disparu en traversant La
Manche. Une nuit d'orage. Le canot s'est
retourné. Pas assez de gilets de
sauvetage.

MRS W: Salopards! Les salopards!

LE MAIRE: Elle a besoin d'un abri. Un endroit sûr.

MRS W: Quels salopards!

LE MAIRE: Elle ne parle pas.
Elle ne peut pas parler.
Elle s'assoit le long du mur et regarde dans le vide.
Je ne sais pas ce qu'elle voit
Mais elle regarde. Quelque chose. Le vide.
Elle se balance d'avant, en arrière en tenant son sac à dos, Harry Potter
C'est tout ce qu'elle a.
Elle est vulnérable Clary.

MRS W: Quels salopards!

LE MAIRE: Il lui faut un abri, Clary. Une maison.

MRS W: Je perdrai pas un autre enfant, je te le dis.

Un moment passe

LE MAIRE: Autre chose. *Il met la main dans sa poche.*
Je t'ai ramené ceci. *Il sort le Yoni*
Je pensais que tu voulais peut-être le remettre... Le remettre à sa place?
Il lui tend le Yoni
Sur la table basse?
Pause

Je pourrais amener ma machine à expresso?
Si ça te tente?

*Mrs W prend le Yoni et regarde le maire
droit dans les yeux.*

MRS W: Bon. Eh bien ...

Le Maire lui fait la bise et s'en va.

MRS W: *Jouant avec le yoni.* Je vais dire
aux gars du chantier qu'ils se cassent.
Rien de personnel. Ils sont plus
"rentables". C'est tout
J'ai une formation de comptable. Moi.

Dieu sait ce que Fred va en penser.
Il va se retourner dans sa tombe ...
Dans sa cellule.

ACTE III
SCENE V: PLUS D'IRLANDAIS

*Deux semaines plus tard. Mrs W est devant
le Whyte Cliffs. Joan et Siobhàn sont en
coulisses. Le drapeau de Saint George a été
remplacé par un drapeau arc-en ciel LGBTQ.
Sur le gazon, un panneau où on peut lire en
lettres rouges: BEAUCOUP PLUS DE NOIRS, DE
CHIENS, D'IRLANDAIS ET D'ENFANTS!*

MRS W: 'Y'a pas photo', dit Siobhàn. Puis

elle hisse le drapeau et peint un autre
panneau: BEAUCOUP PLUS DE NOIRS, DE CHIENS,
D'IRLANDAIS, ET D'ENFANTS!

Ca m'a fait rire.
Elle est marrante, cette Siobhàn. Elle dit
qu'on peut voir ça depuis Calais.
*En coulisse Siobhàn fait le V de la
Victoire*

Remarque. Je suis pas vraiment d'accord.
Mais c'est une bonne blague. Elle dit que
Fred en fera une crise d'apoplexie s'il
revient un jour!
Faut bien rire

Joan fait la moue

Quelle fille.
Cette Siobhàn.
C'est drôle.
Pause

Mais en fait, c'est pas drôle ...
Fred il va revenir. Il reviendra. Un jour.

Et elle sera pas toujours là. Siobhàn.
Elle dit qu'elle veut aller à Paris. A la
Sore-Bonne. Ou quelque chose comme ça.
Elle dit qu'elle a fait ce qu'elle avait à
faire. Qu'elle a réglé une vieille
histoire.
Du coup, la Cléo s'en va aussi. Elle s'est
trouvée un boulot à Amsterdam.

Elle dit qu'avec le Brexit, y'a plus rien
pour elle ici.
Si elle accouche là-bas, le bébé sera
hollandais.
Quelle idée. Le bébé de Fred en sabots.

Pause
Il sera pas toujours sous les verrous,
Fred.
S'il m'arrive quelque chose.
Un jour. Quand ils le laisseront sortir.
S'il m'arrive quelque chose ...
Et ça va pas rater ...
Je veux pas que Fred mette ses sales
pattes graisseuses sur mon *Whyte Cliffs*.
Ca doit être un refuge. Un abri.
Je vais le dire au Maire. Je le donne à la
ville ... s'il m'arrive quelque chose ...
Il faut que ce soit un refuge pour les
filles. Faut les mettre à l'abri de
l'orage.
Un lieu sûr, où elles peuvent venir. Se
sentir en sécurité.

*Elle chantonne 'Have you ever seen the
rain?'*
Someone told me long ago
There's a calm before the storm.
I know. It's been coming for some time

MRS W: Je vais rejoindre la chorale de
filles de Joan.

Joan et Siobhàn brandissent triomphalement

193

leur poing.
Elle chantonne **When it's over so they say.**
It'll rain a sunny day. I know
Shining down like water
Elle s'arrête

J'ai un rêve. Je vois.
Elle balance les bras en rythme, au-dessus
de sa tête.
I wanna know have you ever seen the rain?
I wanna know have you ever seen the rain?

Moi. Je vois une chorale.
Je vois une chorale de vagins qui
chantent. Ensemble. En parfaite harmonie.
Moi. J'ai un rêve.
Pause

Mais parfois. Quand je me réveille
La nuit. Parfois. La nuit
je suis sure que je sens les saucisses de
porc
sur le grill
qui crépitent

Joan et Siobhan sortent de l'ombre et
ensemble les trois femmes chantent, en
harmonie, 'Have You Ever Seen the Rain?'

RIDEAU

194